LGN/SCHWARZ 77. – **2) a)** ‚junger Rehbock' SEXAU; *ein schwacher Spießer*, mit einspitzigen Geweihhörnern im Ggs. zum → *Gabler* und → *Sechserbock* BADEN-B. – **b)** ‚besonders stark stechender Floh' EBERB. – **3)** FlN; Gewann in N.-WEILER; 1932 *der Spießer* eb. – DWb. 10/1, 2460; Fischer 5, 1529; Pfälz. 6, 281; Schweiz. 10, 578; Südhess. 5, 1180.

**Spieß-förster** m.: ‚herrschaftlicher, unterer Forstbeamter', um 1800 HUGSW./ORTEN. 1950, 134f. – Pfälz. 6, 281.

**Spieß-geselle** m.: ‚Kumpan, Komplize'; *de Hölzerlips* (ein Räuber, s. u. → *Hölzerlipps*) / *Un dann seiñ fünf Schpießgselle ...* NADLER 181. – Urspr. (ca. 16. Jh.) in engerem Sinne ‚Speerträger, Waffengefährte'. – Vgl. *Gespane 1b, Helfershelfer.* – DWb. 10/1, 2462; Fischer 5, 1530; Schweiz. 7, 727.

**Spieß-glas** n.: ‚Antimon, Stibium sulfuratum nigrum'; *špīssglās* FREIB./ZIMMERM. HS. 286; *mā soll antimonium das ist Spießglaß auf einer glůt brennen* PICT. LEIBS ARTZ. 90; *Nimm Zinober 3 Loth, Spießglaß 6 Loth, ...* ARZNEYBUCH BIERBR. 9; dazu auch *špīssglāsbútteröl* ‚Chlorantimonlösung, Liquor stibii chlorati' ARCH. PHARM. 1922, 159. – Vgl. *schwarz 2c.* – DWb. 10/1, 2463; Fischer 5, 1530; Schweiz. 2, 645.

**spießig** *špīvsig* REUTE (EMM.). – Adj.: **1)** ‚nach der Art eines → *Spießer 1a*' eb.; vgl. *spießen 1*. – **2)** ‚spitz, zum Spießen geeignet'; *schpīvsig Hernli* (vom Gehörn des Rehs) eb.; vgl. *spitzig*. – DWb. 10/1, 2468; Fischer 5, 1530; Schweiz. 10, 559.

**Spieß-rute** f.: nur in der Wendung *Schpīvssrůtv laifv* ‚sich scharfer, öffentlicher Kritik oder Spott aussetzen' REUTE (EMM.). – DWb. 10/1, 2472; Fischer 5, 1531.

**Spik(en)-öl** n.: ‚Lavendelöl zum Einreiben'; *Spickēl* (angeblich aus Tannenharz) 1922 LENZK.; 1819 *Darnach nimm Bockunschlitt, ... Spickenöhl, Peterolium 1 Loth* ARZNEYBUCH BIERBR. 17; *... mag sich salben mit Räckholteröhl, Spikenöhl und Brandenwein* eb. 18. – Bestimmungsw. zu bei uns nicht bel. *Spi(e)ke* ‚Lavendel', vgl. DWb. 10/1, 2272. – Fischer 5, 1531; Pfälz. 6, 268 *(Spicköl).*

**Spil-berg, -hof** → *Spielberg, -hof.*

**Spill** ‚Winde' nur in → *Anker-, I Ge-, Mastspill.*

**Spille** *špel* RHEINBISCH.; „*Spill*" MOOS (BÜHL). – f.: ‚Spindel am Spinnrad' WEIK 23; „nicht dasselbe was Spule" MOOS (BÜHL). – Mhd. *spille, spinnel, spindel, spinele.* – Vgl. *Spindel 1a.* – DWb. 10/1, 2482; Schweiz. 10, 329.

**Spilling** *špilíŋ* BÜHL (RAST.), KAPPELWI., OTTERSW. – m.: **1)** ‚gelbe Pflaume' HUBER HS. 26. – **2)** ‚Mirabelle' KAPPELWI. – Vgl. *Pflütterling 2, Wagenstatter.* – DWb. 10/1, 2487; Schweiz. 10, 192; Südhess. 5, 1181.

**Spill-mucke** *špilmụkạ* so u. ä. verbr. südöstl. Schwarzw. u. Klettgau; *špilmugạ* HORHM, BÜHL (WALDSH.); Pl. wie Sg. – f.: **1)** Tiern., dass. wie → *Spinne 1a* mancherorts südöstl. Schwarzw. u. Klettgau/SSA-AUFN. 300/6, 1950 DETTIGHFN, WITTLIKOFEN/Rü. HOFFMANN 100, RIEDERN A. W./MITTEIL. 1919, 91. – **2)** dass. wie → *Spinn(en)webe 1* SSA-AUFN. 300/7. 8, 1950 DETTIGHFN, Rü. HOFFMANN 100; *s hęt als fǫlr špilmụk*, ‚überall sind Spinnweben' 1977 FÜTZEN; s. a. Kt. → *Spinnennetz.* – Nebenform zu → *Spinn(en)mucke.* Nach SCHWEIZ. 4, 131 Bestimmungsw. entstellt aus *Spinn(en)* und Grundw. ebenfalls entstellt aus (bei uns nicht bel.) *Wupp* ‚Gewebe' mit Anlehnung an → *III Mucke.* – Schweiz. 4, 131/SDS VI, 239. 240.

**Spillmucken-lumpen** *špilmụkkạlümpạ* BÜSGN. – m.: ‚frisches → *Spinnennetz*' eb./SSA-AUFN. 300/8.

**Spillmucken-nest** *špilmụkạnẹšt* so u. ä. DILLEND., SCHWANGN, STÜHLGN, MAUCHEN (STÜHL.), RIEDERN A. W., WEILHM, BALTERSWEIL, DETTIGHFN, STETTEN (WALDSH.); Pl.: *špilmụkạnẹštạr* GRAFENHSN I. SCHW.;

*-neštr* SCHWERZEN; s. a. Kt. → *Spinnennetz.* – n.: dass. wie → *Spinn(en)webe 1* Rü. HOFFMANN (Material), SSA-AUFN. 300/7. 8, RIEDERN A. W./MITTEIL. 1919, 92. – Vgl. *Spinnmuckennest.* – Schweiz. 4, 839; SDS VI, 240.

**Spillmucken-tuch** n.: dass. wie → *Spinn(en)webe 1*; *špilmụkkạtůạxạr* (Pl.) BÜSGN/SSA-AUFN. 300/7. – Schweiz. 12, 306; SDS VI, 240.

**Spinat** *šbinåd, -ǭ-* WERTHM, TAUBERBISCH., O.SCHEFFL., Kurpfalz, um HOCKENHM, mancherorts Hanauerland und Breisgau, vereinz. um LÖRRACH, STOCKACH; *šbinåd, -i-, -t* FREUDENBG, HANDSCH. (neben *šbinạd*), vereinz. um SCHWETZGN, RAPP., ZAISENHSN, verbr. nördl. u. mittlerer Schwarzw., Elztal und Simonswäldertal, Breisgau, vereinz. Markgräflerland, Hotzenwald, Hegau, Bodensee; *šbenåd* ROHRB. (EPP.), WALDAU, MÖHRGN, STEINEN; *sbenåt* PFORZHM; *šbinạd, -ǭ-* verbr. entlang des Rheins in der Rheinebene von HÜGELSHM bis KAPPEL A. RH. und von BREISACH bis WEIL A. RH., vereinz. Kaiserstuhl; *šbenọd* AUENHM, LEGELSHURST, ALTENHM neben *šbinạdš*; *špinạd, -i-, -t* Dinkelberg u. unteres Werratal; *špinạd, -i-, -t* verbr. an Brigach u. Breg, Baar, Hochschwarzw., Hotzenwald, Klettgau, Hegau, zw. Donau und Bodensee, Linzgau. – m.: **1)** PflN. **a)** ‚die Gartengemüsepflanze Spinacea oleracea und das daraus zubereitete Gericht' PLATZ 304, HEILIG GR. 35, ROEDDER VSPR. 531b, MEIS. WB. 177b, LENZ WB. 67a, FREI SCHBR. 154, LIÉBRAY 278, O. SEXAUER 82, HEBERLING 30, MENG 265, SCHWENDEMANN ORT. 1, 67, SCHWER 39, KLAUSMANN 106. Kt. 80, TWISTE 49, SIEFERT 137, BECK 75. 232, W. SCHREIBER 33, KIRNER 295, E. DREHER 34, ZINSMEISTER 39, FUCHS 18, JOOS 145, ZAISENHSN/ZfdMu. 1907, 272, O.weier (RAST.)/eb. 1916, 287; Ra.: *aim dạr šbinạdš fạrlåsạ* ‚Vorwürfe machen' ALTENHM (vgl. *verlesen 3a*). – **b)** ‚Neuseeländer Spinat, Tetragonia expansa'; *ebige Spinat* 1915 MÜLLHM; vgl. *ewig 2ɛ*. – **c)** eine nicht näher beschriebene Pflanze; *Wilder Spinat* FREISTETT/MITTEIL. 1933, 312. – **2)** übertr. ‚Kuhfladen'; *Wie kummd der Schbinaad uffs Dach, die Kuh kann doch nid fliege?* fragt man in höchstem Erstaunen über Unerwartetes, aber auch als Erwiderung auf dumme Fragen BRÄUTIGAM MACH 116. – Aus ital. *spinacio* ‚Spinat'. – Weiteres → *Lauch 1*; Syn. (nicht nur Bed. 1a): *Pflätterlekraut, Binätsch, Burkhard 2, I Fimmel 2, Gartenmelde, Girgele-, Grün-, Häckerlekraut, Hasenköhl, Kraut 1c, Maschel 2, Melde 1, Neuseeländer, Schlappes-, Schlappkraut, siebenerlei, Süßkraut.* – DWb. 10/1, 2489; Fischer 5, 1540; Pfälz. 6, 282; Schweiz. 10, 337; SDS VI, 186; Südhess. 5, 1182.

**Spinat-gäßle** n. (Dim.): Scherzname einer Straße in WALDSH./GÖTZE WA. 117. – Benennung wohl nach dem „unvermeidlichen Kühkot" (eb.), der dort zu finden war.

**Spinat-stecher** m.: ‚Homosexueller', Schimpfw. ca. 1930 FREIB. – Els. 2, 572; Pfälz. 6, 283; Schweiz. 10, 1282; Südhess. 5, 1183; Wolf R. 5452.

**Spinat-wachtel** *šbinạd-, šbenọd-, -waxdḷ, -waxtạl* (vgl. → *Spinat* und → *Wachtel*) mancherorts in ganz Baden. – f.: ‚aufgetakelte, einfältige, schrullenhafte Frau', Schimpfw. WERTHM/PLATZ 304, HERWIG-SCHUHMANN 118, MANNHM/BRÄUTIGAM SO 127, HEIDELBG, LEHR KURPF.[2] 143, HUMBURGER 174, FREI SCHBR. 154, A. MÜLLER I, 131; *Dess isch doch ä aldi Schbinaadwachdl* DISCHINGER 185, ähnl. TRIBG/FLEIG 120; „altes, wüstes Weib" RADOLFZ./ELLENBAST 67. – Vgl. *Pussierwachtel.* – DWb. 10/1, 2491; Pfälz. 6, 283; Schweiz. 15, 417; Südhess. 5, 1183.

**Spind** *šbind* REUTE (EMM.). – m.: ‚Schrank' eb.; nicht mu., dafür eher → *Kasten, Schrank.* – DWb. 10/1, 2491.

**Spindel** *šbind(ə)l, -į-* WERTHM, O.SCHEFFL., HETTGN, RAPP., HANDSCH., OFTERSHM, MÖRSCH, NEUW., O.-WEIER (RAST.), MÜNCHW., IHRGN, O.SPITZENB., U.KIRNACH; *šbendl* ALTENHM; *šbindlə* REUTE (EMM.), MÜHLGN; *špiñdlə* SINGEN A. H. – f.: **1) a)** ‚Teil des Spinnrades, das der Aufwicklung des Fadens dient' ROEDDER VSPR. 531b, MEIS. WB. 177b, LIÉBRAY 278, SCHWENDEMANN ORT. I, 129, O.WEIER (RAST.)/ZFDMU. 1916, 287; Ra./Vergleich unter → *dünn 1*; vgl. *Spille*. – **b)** ‚Teil der → *Kelter*, Kelterschraube' LENZ WB. 67a, NEUW./WKW 96, Komm. S. 499, 1979 IHRGN, W. SCHREIBER 27, O.WEIER (RAST.)/ZFDMU. 1916, 287; ‚4 m hoher, senkrecht stehender, unten achtkantiger Eichenbalken mit Gewinde in der oberen Hälfte' TH. LACHMANN 473; vgl. *Torkel-, Kelterspindel*. – **c)** ‚Mittelteil einer Wendeltreppe' PLATZ 304. – **d)** ‚Bremskurbel, dass. wie → *Leier 2b*' O.SPITZENB., 1972 U.KIRNACH. – **e)** ‚Rundstab aus Holz', fünf bis acht *Spindeln* zw. zwei runden, hölzernen Scheiben bilden den → *Spindelwagen* einer Mühle EKKHART 1966, 91. – **f)** ‚Welle, Getriebeteil einer Uhr'; *Wilmer dia Trib mit 6, 8, 10 un no mê Schpindle brucht, se muamer natürli zu jeder Dailing e bsunder Dailschibli ha* O. FWGLR 45. – **g)** ‚Gewinde' REUTE (EMM.). – † **h)** ‚Achse'; 1436 *wär das im ain rad abging an dem wagen, so sol er nemen die spintel in die ander hand* HORN/ALEM. 15, 13. – † **i)** ‚Gerät zum Ausbohren von Holzstämmen, → *Teuchelbohrer 1*'; *Den 24. April 1705 dem Teuchmeister Michel Stumpen vor 1 1/2 Pfd öhl, so er zu denen Spindlen am Teuch gebraucht ...* WILLSTÄTT/ORTEN. 1957, 215. – **2)** Hausn. FREIB.; 1565 *Hauß zur Spindlen* K. SCHMIDT HAUSN. 129. – Mhd. *spinnel, spindel, spinele, spille* ‚Spindel', vgl. zur Etym. auch DWB. 10/1, 2492. – Weiteres → *anbringen 2, Bündelstange, nebenzu*. – Fischer 5, 1540; Pfälz. 6, 283; Schweiz. 10, 329 (*Spinnle*ⁿ); Südhess. 5, 1183.

**Spindel-draht** m.: ‚Utensil bei der Uhrenherstellung'; *In diä Löchli wäre dro d Schpindledrätli ni klopfet, un des isch dro dr Trib der in's näscht Rad igrift* O. FWGLR 45; Neckvers: *Mädlefiseler, Spindraht / Rennt alle Tag den Mädchen nach* VILLGN/SCHLÄGER 42. – Vgl. *Bubendraht*. – Fischer 5, 1541.

**spindel-dürr** *šbind(ə)ldęr* O.SCHEFFL., HETTGN, OFTERSHM; *-dęv* RAPP.; *-div* MÖRSCH; *šbindlədįr* MÜNCHW., REUTE (EMM.). – Adj.: ‚sehr mager, dünn', von Mensch und Tier ROEDDER VSPR. 531b, MEIS. WB. 177b, LIÉBRAY 278, SCHWENDEMANN ORT. I, 14; auch substantiviert: *enn langer, schbindelderrer* PFORZHM/ROMEO HYPOCH. 30. – Vgl. *klapper-, klipper-, krachdürr*. – DWb. 10/1, 2501; Fischer 5, 1541; Pfälz. 6, 284; Schweiz. 13, 1359; Südhess. 5, 1184.

**spindelig** *šbindəli* O.SCHEFFL.; *šbindəlix* RAPP.; *-ig* MÖRSCH. – Adj.: dass. wie → *spindeldürr* ROEDDER VSPR. 531b, MEIS. WB. 177b. – Zu → *Spindel 1a*. – Fischer 5, 1541; Südhess. 5, 1184.

**Spindel-lager** *šbindəllāgər* U.ÖWISHM. – n.: ‚das Gewinde, durch das die → *Spindel 1b* führt' eb./WKW 96, Komm. S. 499.

**Spindeln-bohrer** m.: ‚Werkzeug des Uhrmachers zum Bohren kleiner Löcher in die Getriebsscheibe' DINGLER JOURN. 75, 372, um 1740 von Georg Willmann in Neustadt erfunden eb. 277; *de Schpindlebörer isch des Maschili womer mit so ganz zarte Börerli, de Schpindleborernôdle, dia kleine Löchli in d Schpindlewageschibli ni böret* O. FWGLER 45. – Bender Uhr. 1, 125.

**Spindeln-docken** Pl.: ‚zwei kleine Säulen an der Drehbank des Uhrmachers, in denen der richtunggebende Stab ruht' O. FWGLR 107; *wo sunsch die alte Draischtial no hilzeni Schtröse, Schpindle- un Gwinddoge* (→ *Gewindedocken*) *hän* eb. 36; *ën Holzdope* (→ *Holztapen*) *un ën Mitnemer in d Schpindledoge* eb. – Zum Grundw. vgl. → *Docke 10*.

**Spindel-ring** m.: ‚kleine Scheibe auf der laufenden → *Spindel 1a* des Spinnrades' HETTGN. – Vgl. *Wirtel*.

**Spindel-trotte** *šbįndldrod* KAPPELWI., DURB.; *-drǫdə* FRIESENHM; *-drǫdi* MÜNCHW., HEIMB. – f.: ‚→ *Kelter* mit einer hölzernen, später metallenen → *Spindel 1b* in der Mitte des Pressbettes' BURKART 220, SCHWENDEMANN ORT. I, 134. – Grundw. s. → *Trotte 1*. – Vgl. *Schraubkelter*.

**Spindel-wagen** *šbindlwāgv* REUTE (EMM.). – m.: ‚zentrales Teil des Triebwerkes/Antriebs von (Wasser-)Mühlen und auch von Schwarzwalduhren', ein „Laternentrieb" EKKHART 1966, 91; 1796 *Das andere Hauptwerkzeug* (der Uhrmacher) *heißt, das Bohrgeschirr, und wird zur richtigen Verfertigung der Spindelvägen, oder der Getrieben gebraucht* FREIB.; *s wird loufe wia gschmiart, forusgsezt das de sëlver kai krume Drot im Schpindlewage häsch* O. FWGLR 45. – Weiteres → *anzügig 2*; vgl. *Kolben 2d*.

**Spindelwagen-scheible** n. (Dim.): ‚Teil der Uhr, Getriebescheibe' O. FWGLER 45. – Weiteres → *Spindelnbohrer*.

**Spindler** m.: ‚ein Werkzeug des Uhrmachers' WEISSER HH. 30. – Weiteres → *Gwindler*. – DWb. 10/1, 2504; Fischer 5, 1542; Schweiz. 10, 336 (jeweils als Berufsbezeichnung oder FN).

**Spin-ferlin** → *Spünnferkel*.

**Spinn-bruder** *šbinbruədər* LÖRRACH. – m.: ‚verrückter Kerl, → *Spinner 2a*' 1935 eb. – Vgl. *Spinnenfritz 1, Spinnkaib*.

**I Spinne** *šbinə, -i-* WERTHM, BALLENBG, mancherorts südl. Breisgau, Markgräflerland; *šbįn, -i-* verbr. N-, Mittel- und SW-Baden; *šbin* HANDSCH.; *šben* DAXLANDEN; *šben* mancherorts Hanauerland, KIPPENHEIMWLR, ISTEIN, ADELHSN, GUTENSTEIN; *šbenə* JECHTGN, GRISSHM; *špin, -i-* mancherorts Gegend um FURTWANGEN u. NEUST., INZLGN, LÖRRACH, HERTEN, LAUFENBURG, verbr. Baar, Hotzenwald, äußerstes SO-Baden; *špīn* BREITNAU; *špēn* MÖHRGN; *špen* HEINSTET.; *špįnə, -i-* mancherorts südöstl. Schwarzw., KARSAU, SCHWÖRST., SÄCKGN, verbr. Klettgau, HILZGN, IZNANG, PARADIES, HAGNAU; *špīñə, -i-* FÜTZEN, FRIEDGN, GAILGN, HEMMENHFN, ÖHNGN; Pl.: bei einsilbigem Sg. wird Pl. mit *-ə* (teils auch mit *-v*) gebildet, bei zweisilbigem Sg. gilt Pl. wie Sg.; Dim.: *šbįnlį* ENDGN u. ö. – im äußersten SW-Baden (westl. von Waldshut, Markgräflerland) verbr. m., sonst f.: **1)** Tiern. **a)** allg. ‚achtbeiniges Tier aus der Klasse der Spinnentiere (Arachnida), das Fäden produziert und Netze für den Beutefang webt' PLATZ 304, LENZ WB. 67, LIÉBRAY 278, DAXLANDEN/SCHRAMBKE 124, HEBERLING 7, BAUR 96, HARTMANN 56, MENG 40. 211, WILLINGER 66, SCHECHER 82, MARX 50, METRICH 63, BRUNNER 161, TWISTE 49, SCHWER 32, WAHR 25, SIEFERT 88, CLAUDIN 215, SCHÄUBLE WEHR 71, KRAMER GUTMADGN 279, KIRNER 150, FUCHS 48, ZINSMEISTER 13, BALLENBG/ZFDMU. 1910, 366, KIRRLACH/eb., OTTERSD./eb. 1914, 344, O.WEIER (RAST.)/eb. 1916, 287; *dr šbin* ADELHSN; *ə grösə šbin* (m.) STEINEN; *Nai, lueget doch das Spinnli a, / wie 's zarti Fäde zwirne cha!* HEBEL 31, 1; *Lueg, 's Spinnli merkt's enandernoo: / es zuckt un springt un het si scho* HEBEL eb., 61; Ra.: *gifdisch wie e Schbinn* (von einer bösartigen Person gesagt) LITTERER 318, ähnl. FREI SCHBR. 154; *si męšd ə gsišd wię šbį́n* 1952 EBERB., Bed. viell. ‚verzieht das Gesicht', vgl. Ra. unter → *fressen 2a*; Sprichw.: *Spinnen am Morgen, Kummer und Sorgen* C. KRIEGER KRAICH. 34, wird nicht selten mit dem Tier *Spinne* in Verbindung gebracht, gehört allerdings hist. wahrsch. zu → *spinnen 1a*; Syn. vgl.

*II* Spinne – Spinn(en)bopp(el)(en)

*Kreiser* (Kinderspr.) sowie die folgenden Komp. wie → *Spinn(en)bopp(el)(en) 2, Spinn(en)mucke 1, Spinn(h)opp(e)(le) 1* (Syn., die bes. im Breisgau, im südl. Schwarzw. und Teilen SO-Badens gebr. sind/waren). – **b)** spez. *rote Spinne* ‚rote Spinnmilbe, Panonychus ulmi', ein Schädling im Wein- und Obstbau, 1971 Eichstet., 2008 Bomb.; *rōdi šbin* Markgräflerland/Krückels 196; *də rōd šbin* Zunzgn/eb. – **2)** PflN ‚Spinnen-Ragwurz, Ophrys sphegodes, aranifera', eine Orchideenart Kirner 150; vgl. *Frauenschuh 2ɣ, Gufenkissen 2b, Kaminfegerschläpple, Küferschurz 2.* – **3)** ‚landwirtschaftliche Maschine für das Wenden und Verteilen von Heu', seit etwa 1960 gebr., hat mehrere Zinkenräder, die auf einer Achse hintereinander angeordnet sind, 1972 Schutterwald, Kramer Gutmadgn 279, 1971 Titisee; vgl. *Schüttler 2b, Wendmaschine.* – **4)** ‚boshafte Person', in der Wendung *e giftigi spinn* Elsenz/Alem. 25, 248; vgl. *Giftkrote.* – Ahd. *spinna*, mhd. *spinne*. – Weiteres → *Gesicht 2a, giftig 2a, Maulburg, mühsam 1, Regen 1*; vgl. *Kreuz-, Küh-, Schneider-, Wasserspinne.* – DWb. 10/1, 2506; Els. 2, 543; Fischer 5, 1542; Pfälz. 6, 284; Schweiz. 10, 308; SDS VI, 239; SSA II/19.08; Südhess. 5, 1185.

*II* **Spinne** *šbini* Schopfhm. – f.: dass. wie → *Spinnerei 1* Glattes 38. – Zu → *spinnen 1a.* – Vgl. *Hanfe.*

**spinne-feind** → *spinne(n)feind.*

**spinnen** *šbinə, -i-* verbr. nahezu in ganz Baden; *šbinə* Handsch.; *šbenə* Auenhm, Altenhm; *šbinə* Istein; *šbinə* Liggersd.; *špinnə* Jestet., Singen a. H.; *šbinə* Radolfz., Konst.; Part.: *gšbunə* Tauberbisch., O.weier (Rast.), Kappelwi., Auenhm, Altenhm, Wieslet.; *gšbunŏ* O.-scheffl.; *gšbunə* Hettgn, Rapp., Bruchsal, Rust, Siegelau, Furtwangen, Haltgn; *gšbonə* Karlsr.; *kšponnə* Möhrgn. – st.: **1) a)** ‚Wolle, Flachs oder andere faserige Stoffe zu Fäden zusammendrehen' Platz 304, Heilig Gr. 97, Roedder Vspr. 531b, Liébray 277, Meis. Wb. 177b, Burkart 31, Schweickart 40, Meng 195, Fohrer 123, Schwendemann Ort. 1, 130, O. Fwglr 63, Wahr 33, Burte Mad. 294, Beck 125, R. E. Keller Jest. 64, Kirner 158, W. Schreiber 15, Ellenbast 67, Siegelau/Alem. 25, 58, O.weier (Rast.)/ZfdMu. 1916, 287; substantiviert: *s gšbunənə* ‚das fertige Garn' 1950 Eberb.; *Spinnet, Töchterli, spinnet, ... !* Hebel 39, 1; *'s Rädli will gspunne ha* eb. 70; *šdof wō mə salbr gšbunə het* 1978 Haltgn; *s Dischduuch hodd d Moddä gschbunnä* Dischinger 185; vom (gehechelten) Hanf: *denə hen sə dan frīv gənumə dsum šbinə mim šbinrād* 1980 Legelsh.; *im šbethərbšt hond sə jo maišdəns bəgonə dī baurəmədlə midəm šbinə* 1979 Hausen i. T.; Bauernweisheit: *Liëchdmäss - schbinne vrgäss, bii Daa z'naachd äss* Altenhm/Marx Sp1, ähnl. Lehr Kurpf. 115, Herwig-Schuhmann 118, Humburger 130, Dischinger 185, Forchhm (Karlsr.), Kramer Gutmadgn 279, bezieht sich auf das ab → *Lichtmeß* (dort weitere Bel.) wieder zunehmende Tageslicht und das Beenden des in der dunklen Jahreszeit abends üblichen Spinnens; Sprichw.: *Schbinne am Morje - bringd Kummer un Sorje, / schbinne am Middaa - Glick am nägschde Daa, / schbinne am Abend - ergwickend und labend* Marx Sp2, ähnl. Litterer 318, Frei Schbr. 154; Kinderreime: *... die eine schpinnt Seide, / die ondere schabt Kreide, / die dritt schpinnt ä rosarote Rock, / fir unser liäber Herrgott* (Anfang s. u. → *rosarot*, vgl. auch *I Roß 1, I reiten 1a*) Schmider KK 2, 47, ähnl. Schäuble Wehr 12, Stockach/Schläger 27, Schuttert./eb. 26, Hänner/eb., Buggenried/eb., Variante: *... Di dritt tuet 's Tor uf / Und loßt di liebe Sunne us. / Drno chöme si obe abe, / spinne e sidene Fade, ...* Öflgn/eb. 27; *D' Sunn schint, / 's Vögili grint, / D' Muedder sitzt im Garde, / Schpinnt a roter Fade, ...* Ramsb./eb. 16, Varianten Willargn/eb. u. 27, s. a. u. → *Sonne 1a;* eine Deutung des Rufs der Schwalbe: *Muß i spinn, kann i spinn? / Hab ich doch kan Zwërn?* Sachsenhsn; vgl. *trifeln, zwirnen.* – **b)** ‚mittels Drüsen einen Faden produzieren, ein Netz oder einen Kokon herstellen', von Spinnen, Insekten Lenz Wb. 67; *Jetz lueg me, wie's* (das Spinnlein) *sy Füeßli setzt / un spinne will un d' Finger netzt! / Es zieht e lange Faden uus, / es spinnt e Bruck ans Nochbers Huus* Hebel 31, 11; vgl. *weben.* – **2) a)** ‚nicht recht bei Verstand, verrückt sein' Götzelmann 380, Herwig-Schuhmann 118, Liébray 277, Frei Schbr. 154, Meis. Wb. 177b, Brunner 271, Fleig 120, 1921 Munzgn, 1935 Saig, W. Schreiber 15, Ellenbast 67, Joos 102, Baden-B./ZfdMu. 1917, 161; *Du schbinnschd!* Bräutigam So 126; *ər šbint* 1973 Neust., ähnl. 1919 Menzenschwand; *åånər, wu schbinnt* Lehr Kurpf.² 143; *dī aldə (= Eltern) šbinə* 2008 Bomb.; *dr schbinnsch im hägschdə Grad* Reute (Emm.); *dī šbinə, des košd nuv geld!* 2008 Breisach; *Di isch änn Wissloch* (in der psychiatrischen Klinik in Wiesloch), *wail-si schbinnd* Dischinger 185; *I glaub jetz au, daß selli - nit bloß äwängli schpinnt* A. Müller 2, 79; Ra.: *Wenn ain spinnt, nò gitt er e Zaie* (Zeichen) Schäuble Wehr 38; vgl. *verrücken 2a, verwirren 2b, verzwirbeln 2, II fimmeln 1, krank 1a, rappeln 3a, I räpsen.* – **b)** ‚erfundene Dinge, dummes Zeug reden'; *du šbindš ja!* Platz 304; vgl. *gackelen 3, schwaudern 1, simplizieren, welschen.* – **c)** ‚aufgeregt, aufgedreht, überspannt sein'; *dea duud schbinnä!* Frei Schbr. 154; *Dä schbinnd haid widdä* Dischinger 185, ähnl. Lehr Kurpf. 115; *de Hirtebua spinnt* Weisser Ku. 24; vgl. *I schucken 4, überdrehen.* – **3) a)** ‚viel, tüchtig, häufig essen' Platz 304, Wibel Mu. III, 25, Hettgn; vgl. *schnabulieren, spachteln 2, wickeln.* – **b)** ‚ohrfeigen, einen Schlag versetzen' Mai 190, Götzelmann 380, 1935 Durb.; einem eine *šbinə* Bruchsal; *i hepm awwr āinə gšbunə* O.weier (Rast.)/ZfdMu. 1916, 287; *hab ... demm Weibsbild eine g'schbonne* Romeo Hypoch. 47; vgl. *huschen 2, salzen 2, watschen.* – **4)** ‚inhaftiert sein, im Gefängnis sitzen'; *e strollich* (Strolch) *spinnt* 19. Jh. Mittelbaden; Hintergrund ist offenbar, dass früher in manchen Strafanstalten gesponnen werden musste; vgl. *hocken 4, sitzen 2aß.* – **5)** ‚schnurren', von Katzen U.öwishm, nach dem Geräusch des Spinnrads (→ *II schnurren 1b*); vgl. *singen 2c, zwirnen.* – Ahd. *spinnan*, mhd. *spinnen.* – Weiteres → *pflanzen 1a, Poppe 3, eisenklar, einte, Faden 1, verhauen 1cß, gleichlich 1, greinen 3, I haben II3, Haberstroh 1, Kauder 3, Kind 1a, obendarin, Ohm 1, Reisentuch, schiergar, schnäpfeln 1, schnetzeln 1, Seide 1, sitzen B1a, spannen 1a, Spinngeld, Spinnhanf, Spinnrad 1a, Spule;* vgl. *ab-, zusammenspinnen.* – DWb. 10/1, 2515; Els. 2, 543; Fischer 5, 1543; Pfälz. 6, 286; Schweiz. 10, 311; Südhess. 5, 1186; Wolf R. 5458.

**Spinn(en)-bopp(el)(en)** *šbin-, špinbobə* mancherorts westl. Markgräflerland, Schliengen, Bellgn, Istein, Biesgn; *šbimbobə* Hügelhm, Schweighof; *šbin-, špin-, špinbubə, -bupə* verbr. südwestl. u. östl. Markgräflerland, Dinkelberg; *šbim-, špimbubə, -bupə* mancherorts Kleines Wiesental, Holzen, Gersb., Hasel, Herten; *špinbubi* Schweighof; *špinbebə* Steinen; *špinboble* Marz., Eberfgn; *špinbupili* Tiefenhäusern; *špinə-, šbinəbobəlpə, -bopələ* mancherorts Baar, verbr. Hegau, Höri, mancherorts Bodanrück, Uhldgn; *špēnəbopələ* Möhrgn; *špinəwobələ* Aach, Bittelbrunn, Honstet., Gottmadgn, Rielasgn, Wangen (Höri); *šbinə-, šbinəbob(ə)l* Engen, Stockach, Stahrgn, Bodman, Espasgn, Überlgn a. B.; *špinəboplə* Pfohren, Hattenwlr; *špinə-, šbinəbobə, -bopə* mancherorts östl. Baar, Hegau, DETTGN, SIPPLGN, ÜBERLGN A. B., MEERSBURG, HAGNAU; *špinəbepv* SCHWENNGN; *špinəbepə* AHSN; *špinəpop* HONSTET.; *špinəbop* ZOZNEGG; *špinə-, špinəbep* SCHWAND., LIGGERSD, AACH-LINZ, HOHENBODMAN; Pl.: *špinə-, špinəbopə* ZOZNEGG, RAITHASLACH; *špinəbepə* AACH-LINZ, HOHENBODMAN; *špinəbepv* SIPPLGN; sonst (bei auf -*ə* endenden Sg.-Formen) gilt in der Regel Pl. wie Sg.; s. a. Kt. → *Spinnennetz.* – f., n., in NEUDGN, RAITHASLACH, ZOZNEGG m.: **1)** dass. wie → *Spinn(en)webe 1* SIEFERT 116, 1978 FELDBG, SSA-AUFN. 300/7. 8 (zuweilen suggerierte Form, neben spontan geäußertem → *Spinn(en)netz*), VORTISCH 18b, SCHÄUBLE WEHR 138, RÜ. HOFFMANN 99, SUNTHSN, NEUDGN, KRAMER GUTMADGN 279, REICH BAAR. ID. 17, KIRNER 254, W. SCHREIBER 15, FUCHS 23. 62, E. DREHER 24, BAUR 164. 166, ZINSMEISTER 13, ELLENBAST 67, JOOS 102, DEGERF./MITTEIL. 1914, 336, Hegau/DER HOHENTW. 1924, 74; *schwarzgraue spinnbubbe'n* G. UEHLIN FÖH. 5. – **2)** Tiern. **a)** dass. wie → *I Spinne 1a* NEUDGN, mancherorts SO-Baden/SSA-AUFN. 300/6, REICH BAAR. ID. 17, E. DREHER 24. 82, WORBLGN, WEISSMANN 256, JOOS 102. – m.: **b)** „gemeiner Weberknecht" (wahrsch. Phalangium parietinum) SUNTHSN. – Grundw. viell. entstellt aus (bei uns nicht bel.) *Wupp* ,Gewebe', tw. Anlehnung an → *Puppe* oder → *Poppel 1* denkbar, in anderen Fällen Anlehnung an → *Spinn(h)opp(e)(le)* möglich. – Fischer 5, 1545 (unter *Spinn(e")web*"); Schweiz. 16, 787 (*Spinnbuppe*" unter *Spinnwuppe*"); SDS VI, 239. 240.

**Spinnenboppe(le)-nest** *špinəbobelənešt* HORN; Pl.: *špinəbepən'ɐvštr* SCHWENNGN; s. a. Kt. → *Spinnennetz.* – n.: dass. wie → *Spinn(en)webe 1* 1939 HORN, SCHWENNGN/SSA-AUFN. 300/7. 8.

**Spinnenboppen-garn** n.: dass. wie → *Spinn(en)webe 1*; *Spinnenbobengārn* MÖHRGN.

**Spinnenboppen-picker** m.: Tiern., ,Vogel aus der Familie der Fliegenschnäpper, Muscicapidae' EGISHOLZ. – Vgl. *Haushälter 2, Hecke(n)gackser 1, Immenpicker 2.*

**spinne(n)-feind** *sbinəfaind* WERTHM. – Adj.: ,sehr feindlich, äußerst missgünstig gesinnt' PLATZ 304; *si sin vnandr schbinnvfeind* REUTE (EMM.). – Beruht offenbar auf der Beobachtung, dass versch. Spinnenarten sich kannibalistisch verhalten (vgl. DWB. 10/1, 2512). Zum Grundw. vgl. → *Feind 2.* – Vgl. *aufsätzig 1.* – Els. 1, 119; Fischer 5, 1545; Pfälz. 6, 285; Schweiz. 1, 846; Südhess. 5, 1187.

**Spinnen-finger** m.: ,dünner, langer → *Finger 1*', scherzh. bis verächtlich; *un düddet* (deutet/zeigt) *mit ihrem spitzige Spinnefinger uf d'r Schesebock nuf* GANTHER STECHP. 12; *s Bollet* (→ *Bollete 2*) *uf Frankfurt zwische de spitzige Spinnefinger, will dia lang dürr Engländeri enanderno in Schnellzug stiege* eb. 11. – Zu → *I Spinne 1a.* – Fischer 5, 1545; Südhess. 5, 1188.

**Spinnen-fritz** *šbinəfrids* so u. ä. mancherorts Kurpfalz, Odenwald, RAPP. – m.: **1)** ,verrückter Kerl', → *Spinner 2a'* BRÄUTIGAM So 127, FREI SCHBR. 154, RAPP./MEIS. HK. 24; vgl. *Spinnbruder.* – **2)** ,hagerer Mensch', wohl abschätzig, Odenwald/MEIS. HK. 24; vgl. *Schnägeres, Schnake 2a, Spachen/Spächele 2a.* – Pfälz. 6, 288; Südhess. 5, 1188.

**Spinnen-garn** n.: dass. wie → *Spinn(en)webe*; 19. Jh. *Spinnegarn* KONST. – DWB. 10/1, 2532; Fischer 5, 1545.

**Spinnen-gehudel** *šbinəkudlə* GREMMELSB., SCHONACH. – n.?: dass. wie → *Spinn(en)webe 1* FLEIG 120. – Vgl. *Spinn(en)hudel.*

**Spinn(en)-gewebe** *šbinegwēb* MÖRSCH; *šbinəgwēb* GREFFERN; -*gwāb* REUTE (EMM.), KIRCHEN (EFRGN); *špinəgwēb* SCHWÖRST.; -*gweab* REICHENAU; *špin(ə)kwēb* STAHRGN; *špinəgweəb* DETTGN; *špinkwēb* ALTGLASHÜTTEN; -*gwēb* RÖTENB.; *šbingwēb* GÜNDELWANGEN; s. a. Kt. → *Spinnennetz.* – n.: dass. wie → *Spinn(en)webe 1* FITTERER 241b, SSA-AUFN. 300/7. 8. – Vgl. *Gewebe.* – DWA 13, 8. 9; DWB. 10/1, 2532; Fischer 5, 1545; Pfälz. 6, 288. Kt. 357; Schweiz. 15, 93; SDS VI, 240; Südhess. 5, 1189.

**Spinnen-haus** *šbinəhūs* BERMERSB. (RAST.). – n.: dass. wie → *Spinn(en)webe 1* eb./SSA-AUFN. 300/7. 8. – Fischer 6/2, 3154; Pfälz. 6, 288.

**Spinnen-hoppe** → *Spinn(h)opp(e)(le).*

**Spinn(en)-hopper** *šbinhobər* KATZENMOOS, O.PRECHT.; Dim.?: „*špinnehopperle*" OPFGN. – m.: **1)** dass. wie → *I Spinne 1a* 1968 KATZENMOOS, O.PRECHT. – **2)** dass. wie → *Spinn(en)webe 1* 1921 OPFGN. – Vgl. *Spinn(h)opp(e)(le).*

**Spinn(en)-hudel** *šbinə-, šbinəhud(ə)l, -hud(ə)l* WERTHM, mancherorts Kurpfalz, Gegend um KARLSR. bis Gegend um ACHERN; *šbinvhudl* HOCHSTET. (LINK.); *šbinvhudlv, -hudlə* JÖHLGN; *šbinə-, šbinəhudlə, -hudlə* ETTLGN, RASTATT, LICHTENT., OTTERSW., BÜHLERT., FORB., GLASHÜTTE (BÜHL), BÜHL (OFFB.), RIEGEL, ST. GEORGEN I. SCHW., MUNZGN, HUTTGN, STEINEN; *šbinhudələ* WEIHER; *šbin-, šbinhudlə, -hudlə* WIESLOCH, PLITTERSD., mancherorts (bes. westl.) Ortenau, BOMB., ELZACH, um FREIB., STEGEN, ST. MÄRGEN, NEUK., WALDAU, FURTWANGEN, NEUENBURG A. RH., mancherorts Markgräflerland, KIRNB.; *šbin-, šbinhudlv* REUTE (EMM.), MÖHRGN; *šbinhüdlə* BREISACH; *šbin-, šbinhud(ə)l, -hud(ə)l* ÖSTRGN, mancherorts Landkreis RASTATT, verbr. Hanauerland, mancherorts sonstige Ortenau (bes. westl.); *šbinhüdl* LAHR; *šbenhudl* AUENHM, ALTENHM; *šbin-, šbinhüd(ə)l, -hüd(ə)l* mancherorts nördl. u. mittl. Schwarzw., ZELLWEIERB., MEISSENHM, FRIESENHM, N.SCHOPFHM, KAPPEL A. RH., MAHLBG; *šbinüdl* IB. (OFFB.); *šbenhüdl* SCHILTACH; *šbin-, šbinhüdlə, -hüdlə* verbr. Ortenau, mancherorts mittl. Schwarzw., ST. MÄRGEN, ST. PETER, O.RIED, NEUENWEG; *šbinə-, šbinhüdl, -hüdl* mancherorts nördl. Schwarzw., verbr. entlang der oberen Rench u. der Wolfach (sowie östl. davon); *šbinhuədlə* KIPPENHM, SCHWEIGHSN; *šbinə-, šbinhüdlə, -hüdlə* ULM (OBERK.), WAGSH., HUNDSB., GUTACH (SCHWWALDB.), REICHENB. (HORNBG), TRIBG; *špin-, špinhudlə, -hudlə* mancherorts westl. Baar, verbr. südl. Schwarzw., WALDSHUT, TIENGEN (WALDSH.), LAUFENBURG, MAUENHM; *špin-, špinhüdlə, -hüdlə* KAPPEL I. T., BUCHENB., BREITNAU, HINTERZTN, HERRISCHRD; *špinüdlə, -u-* GRAFENHSN I. SCHW., TIENGEN (WALDSH.), WEILHM; *špinüdlə* WALDSHUT; *špinəhudl* BUCHENBG; *špinə-, špinəhüdlə, -hüdlə, -t-* SCHÖNWALD, LANGENSCH., verbr. westl. Baar, EHRENSTET., LÖRRACH, SCHWÖRST., SÄCKGN, O.WIHL, ÜHLGN, STOCKACH, BONND. (ÜBERLGN), RADOLFZ., AHSN; *špinhudələ* AASEN, IMMENDGN, RADOLFZ.; *špinəhüdlv* SCHWENNGN; *šbenəhudlv* HAUSEN I. T.; Pl.: wird mit -*ə* gebildet, bei Sg.-Formen, die auf -*ə* enden, gilt in der Regel Pl. wie Sg.; s. a. Kt. → *Spinnennetz.* – f.: **1)** dass. wie → *Spinn(en)webe 1* BRÄUTIGAM So 127, FREI SCHBR. 154, DISCHERING 185, SCHWARZ 77, RITTLER 130, G. MÜLLER 36, R. BAUMANN 85, BURKART 161, BAUR 266. Kt. 127, MENG 172. 211, G. MAIER 140, HEBERLING 7, MARX 50, BAYER 65, SCHMIDER KK 91, JÄGER 17, SCHULZE 107, SCHWENDEMANN ORT. 1, 148, ZIEGLER 45, FLEIG 120, SCHWER 36, M. BRAUN 147, KLAUSMANN BR. 30, A. MÜLLER 1, 101, SIEFERT 120, SCHÄUBLE WEHR 138, SSA-AUFN. 300/7. 8, ETTLGN/ZFDMU. 1910, 366, RASTATT/eb., BÜHL (RAST.)/eb., O.WEIER (RAST.)/eb. 1916, 287, BA-

DEN-B./eb. 1917, 161, Wolfach/Mitteil. 1914, 336, Ehrenstet./eb. 1919, 92; *die Schpinnhuddel* Ruf 40; *v Schbinnhudlv* Reute (Emm.); *ə frīšį šbįnhu̜dl* Rheinbisch.; *šbįnhu̜dlə om hūs* Peterst.; *d šbįnhu̜dlə iš fəfo̜dsləd* (→ *verfotzeln*) 1978 Waldau; *Mach diä Schbinhudle wäg* Braunstein Raa. 29. – **2)** Tiern., dass. wie → *I Spinne 1a* Wiesloch, Elzach, Bleib., Klausmann Br. 25, St. Georgen (Freib.)/SSA-Aufn. 300/6, Ebrgn (Freib.)/eb., O.-ried/eb., Buchenb./eb., Kappel (Neust.)/eb. – Zum Grundw. vgl. → *Hudel 1.* – Vgl. *Spinnengehudel.* – ALA II, 201; DWA 13, 8. 9; Els. 1, 304; Fischer 6/2, 3154; Pfälz. 6, 288. Kt. 357; SNBW IV/62; Südhess. 5, 1190.

**spinnen-hudelig** Adj.: ,voller Spinnweben'; *"Des," sag i, un ziagh der spinnehudlig Iseklotz ... us 'm Wink'l füri, "des isch e Prägstock."* Ganther Stechp. 19. – Vgl. *verspinnhudelt.*

**Spinn(en)-moppel** *špįnəmoplə* Hattenwlr; Dim.?: *špįmmoppələ* Gailgn. – n.?: ,altes → *Spinnennetz'* eb./SSA-Aufn. 300/7.

**Spinn(en)-mucke** *šbįmu̜k* Hofstet.; *špįmu̜k* Bernau, Lienhm; *špįnmu̜kə* so u. ä. verbr. südl. Schwarzw., Hotzenwald, Klettgau, mancherorts östl. Hochrhein; *špįnəmu̜kə* so u. ä. Weisweil (Waldsh.), Murg, Albbruck, Reckgn; *špįmu̜kə* so u. ä. Bernau, Präg, Todtm., Häusern, mancherorts im Süden des Kreises Waldshut; *špįmokxə* Griessen; Dim.: *špįnəmu̜kələ* so u. ä. Bettmargn, Öhngn; *špįnu̜kxlə* Griessen; *špįmu̜kələ* Stühlgn, Lottstet. (hier neben *špįnu̜kələ*); Pl.: *špįmu̜kə* Bernau; *špįmu̜kə* Lienhm; bei Sg.-Formen mit ausl. *-ə* ist Pl. in der Regel wie Sg.; s. a. Kt. → *Spinnennetz.* – f.: **1)** Tiern., dass. wie → *I Spinne 1a* Hofstet., mancherorts südl. Schwarzw., verbr. Klettgau/SSA-Aufn. 300/6; Tiengen (Waldsh.)/Mitteil. 1919, 91. – **2)** dass. wie → *Spinn(en)webe 1* SSA-Aufn. 300/7. 8, Rü. Hoffmann 99 (u. Material). – Laut Schweiz. 4, 131 ist das Grundw. entstellt aus (bei uns nicht bel.) *Wupp* ,Gewebe' mit Anlehnung an → *III Mucke.* – Vgl. *Spillmucke.* – DWb. 10/1, 2534 (*Spinn(en)mücke*); Schweiz. 4, 131 (unter *Spillmugg*); SDS VI, 239. 240.

**Spinn(en)-nest** *šbįnēšd* Willstätt; *šbįnənēšd* Heitershm, Schweighof; *šbįnənašd* Steinen; *špįnənēšt* so u. ä. mancherorts am Hochrhein, im Hotzenwald und Klettgau, Bonnd. i. Schw., Donaueschgn, Öfgn, Binngn, Hemmenhfn; *špįnešt* Sunthsn; *špįnešt* Stühlgn; Pl.: *šbįnənēšdər* St. Georgen (Freib.); *špįnənēštər* so u. ä. Klengen, Sunthsn, Lottstet., Iznang; s. a. Kt. → *Spinnennetz.* – n.: dass. wie → *Spinn(en)webe 1* Rü. Hoffmann 99, SSA-Aufn. 300/7. 8, Tiengen (Waldsh.)/Mitteil. 1919, 92; *špįnənēštər abəfu̜rbə* (herabkehren) Iznang. – DWb. 10/1, 2535; Pfälz. 6, 288. Kt. 357; SDS VI, 240; Südhess. 5, 1190.

**Spinn(en)-netz** *šbįnə-, šbįnəneds* Au a. Rh., Lichtent., Ottersd., Greffern, mancherorts Ortenau, Elzach, O.precht., Liel, Huttgn, Randegg, Konst.; *-nets* Randegg, Konst.; *šbįneds* Marlen, Altenhm, Kappel a. Rh., Schiltach, Hochd., Furtwangen; *špįnə-, špįnəneds* Brigach, Langensch., Eschb. (Freib.); *-nęts* Kappel (Vill.), Laufenburg; *-nets* Gütenb., mancherorts Raum Neust., vereinz. Baar, Hotzenwald, Klettgau, Lörrach, Inzlgn, Gersb., mancherorts SO-Baden; *špįnets* Vöhrenb., Breitnau; *špįnets* Schwörst., Hütten, Säckgn, mancherorts zw. Murg und Alb, Waldsh., Grüngn, Dittishsn; *špįnets* Saig, Gersb., Säckgn, Lottstet., Messk., Pfullend., Litzelstet.; *špį̄nets* Büsgn, Honstet., Markelfgn; *špenənets* Heinstet.; *šbenənets* Hausen i. T.; Pl.: *-nedsər* Bühlert.; *-nedsə* Kappelwi.; *-netsər* Immeneich; s. a. Kt. → *Spinnennetz.* – n.: ,netzartiges Gewebe, von einer → *I Spinne 1a* zum Beutefang angefertigt' Werthm/SNBW IV/62, Rü. Hoffmann 99, SSA-Aufn. 300/7. 8. – Vgl. *Netz 2, Spinn(en)webe 1.* – DWA 13, 8. 9; DWb. 10/1, 2535; Pfälz. 6, 291. Kt. 357; SDS VI, 240; Südhess. 5, 1191.

**Spinnen-popp(el)en** → *Spinn(en)-bopp(el)(en).*

**Spinnen-räder** *špįnərēdər* Engelswies. – Pl.: ,frisches → *Spinnennetz* eb./SSA-Aufn. 300/8.

**Spinn(en)-webe** *šbįnəwēwə, -wēwə, -i-* Buchen, Hettgn, Ballenbg, mancherorts Kurpfalz, Rippoldsau, Reichenb. (Hornbg); *šbįnəweb* Handsch.; *šbįnəwēb, -wēb, -i-* Sandhsn, Weisenb., Ulm (Oberk.); *šbįnvwēb* Hochstet. (Link.); *šbįnəb* Handsch., Schwetzgn, Plankst., Wiesloch, Kirrlach, Hochstet. (Link.), Zeutern; *šbįnəbə, -i-* so u. ä. Eberb., mancherorts Kurpfalz, Bruhrain, Kraichgau; *šbįnəb* Östrgn; *šbįnib* Hofstet.; *šbįnəb* Kenzgn; *špįnəwēwə* Gütenb.; *šbįnwēb* St. Märgen; *špįnweb* Atzenb., Tumrgn, Glashütten, Tiefenstein, Hauenstein, U.schwand.; *špįnewə* Kappel (Neust.); *šbįnwābə* Holzen; *špįnə-, šbįnəwepə, -webə* Büsgn, Engelswies, Hattenwlr, Kluftern; *špįnə-, špinə-, šbįnəwep, -web* verbr. äußerstes SO-Baden; *špenəwēab* Heinstet.; *šbenəweb* Hausen i. T.; *šbenwepv* Gutenstein; *špįnəweap* Liggersd.; *šbįmaweb* Frickgn; Pl.: *šbįnəbə* Heidelbg; *šbį̄nebv* Jöhlgn; *špįnəwebə* Engen; *špįnə-, šbįnvwepə, -wepv* so u. ähnl. verbr. äußerstes SO-Baden; *špįnəwēabə* Zoznegg; *špįnəweapə* Liggersd.; bei auf *-ə* endenden Sg.-Formen gilt in der Regel Pl. wie Sg.; Dim.: *šbįnebələ* O.scheffl.; *špįnwebələ* Tiengen (Waldsh.); s. a. Kt. → *Spinnennetz.* – meist f., in Oftershm u. Sandhsn n., in Östrgn m.: **1)** ,netzartiges Gewebe, von einer → *I Spinne 1a* zum Beutefang angefertigt' Herwig-Schuhmann 118, Frei Schbr. 154, Eberb. Geschichtsbl. 1953, 5, Lenz i, 46, Heidelbg, Liébray 278, Treiber 74. 81, Hettgn, Wagner 186, Bruhr. 157, Baur Kt. 127, SSA-Aufn. 300/7. 8, mancherorts Landkreis Lörrach und Waldshut-Tiengen/Rü. Hoffmann (Material), U.schwand./eb., Glashütte (Stock.)/eb., Langenhart, Kenzgn/ZfhdMu. 3, 94, Ballenbg/ZfdMu. 1910, 366, bad. Pfalz/Mitteil. 1919, 92; *schade um die Stricke, / Ich werde sie wie Spinnenweben sprengen* Burte Simson 134; Volksweisheit: *Isch de Schdall voll mit Schbinneweewe, isch's Vieh gsund* Lehr Kurpf.[2] 143. – **2)** dass. wie → *I Spinne 1a* Frei Schbr. 154, Heidelbg, Lenz Wb. 67, Hettgn, Roedder Vspr. 531b, T. Raupp 46. 93, Dischinger 185, Meis. Wb. 177b, Huttenhm/Umfr., Wagner 186, Bruhr. 157, C. Krieger Kraich. 137, Schwarz 77. 81, Hofstet., Frickgn/Umfr., mancherorts äußerstes SO-Baden/SSA-Aufn. 300/6, Rapp./ZfhdMu. 2, 118, Zaisenhsn/ZfdMu. 1909, 178, Kirrlach/eb. 1910, 366, Bruhrain/Mitteil. 1919, 91; Ra.: *Mugge un Schbinnäbbe sen em Oisiedler soi Komeraade* Humburger 174. – Mhd. *spinneweppe* (n.) ,Spinnengewebe'. – DWA 13, 8. 9; DWb. 10/1, 2539; Els. 2, 779; Fischer 5, 1545; Pfälz. 6, 291. Kt. 357; Schweiz. 15, 92; SDS VI, 240; SNBW IV/62; Südhess. 5, 1191.

**Spinnen-wopp(e)** *špįnəwop* Pfullend., Überlgn a. B.; *špįnəwopə* Meersburg; Pl.: *špįnəwopə* Pfullend. – f.?: **1)** ,altes → *Spinnennetz'*, im Ggs. zu einem frischen, das einfach als → *Spinnennetz* bezeichnet wird Pfullend./SSA-Aufn. 300/7, Meersburg/eb. – **2)** dass. wie → *I Spinne 1a* Überlgn a. B. – Schweiz. 16, 786; SDS VI, 240 (jew. *Spinnwupp*).

**Spinner** *šbįnər* Werthm, Sandhsn, Sandw., Freib., Altglashütten; *šbįnv* mancherorts Kurpfalz; *šbįnę*

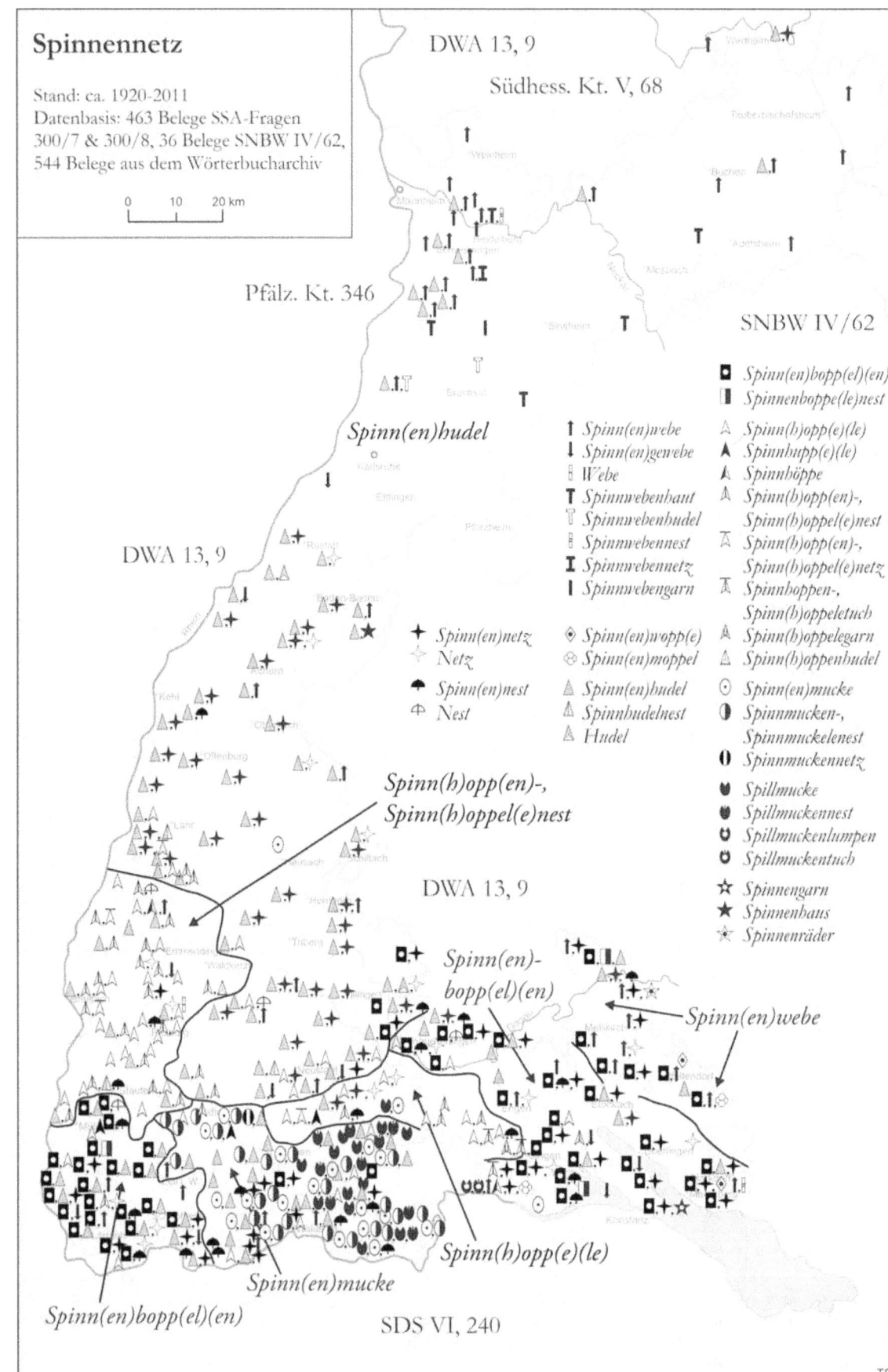

ÖSTRGN; *šbinr* BRUCHSAL; *šbịnr* KAPPELWI., MÜNCHW., BREITNAU; *šbịnər* LÖRRACH. – m.: **1) a)** ‚jem., der Fäden spinnt', selten LEHR KURPF.² 143. – **b)** FN, Berufsn., verbr. zw. Achern und Schutterwald KLAUSMANN FN 97. Kt. 38. – **c)** Tiern. ‚Nachtschmetterling', nicht näher bez. SCHWENDEMANN ORT. I, 148; vgl. *Schwärmer 1*. – **d)** FlN INDLEKOFEN, „steinige Äcker" GÖTZE WA. 117, zum FN. – **2) a)** ‚verrückter, närrischer Kerl, Sonderling', auch Schimpfw., verbr. PLATZ 304, FREI SCHBR. 154, LEHR KURPF.² 143, DISCHINGER 185, BURKART 123, G. MÜLLER 11, 1935 LÖRRACH; verstärkt: *ə grüsigə šbịnr* 1981 BREITNAU; vgl. *Hering 2, Narr 1a, Räpser, Saumolle 2, Schuckler, Schunken 3a, Sonderling 1, Spinnbruder, Webstübler*. – **b)** ‚dummer, einfältiger Mensch' ALTGLASHÜTTEN/H. MÜLLER INTELL. 57; vgl. *Simpel*. – **3)** ‚verrückter bis berauschter Geisteszustand'; *ər hed dər šbịnər* ‚er hat einen → *Sparren 1*' 1935 LÖRRACH; *einen špịnər haben* ‚einen kleinen Rausch haben' FREIB. – **4)** ‚Unteroffizier', wohl verächtl. BRUCHSAL, BROSSMER 10. – **5)** PflN. **a)** ‚Efeu-Pelargonie, Hänge-Geranie, Pelargonium peltatum' MÜNCHW./MITTEIL. 1944, 408. – **b)** ‚japanisches Goldröschen, Kerria japonica' eb. 407. – **c)** „Tradescantia-Arten" (Dreimasterblumen) eb. 403. – **d)** ‚Sprengers Zierspargel, Asparagus Sprengeri' eb. – **6)** ‚Ausläufer, Seitentrieb bei Erdbeerpflanzen und Veilchen' BOMB./ZFDMU. 1913, 363, RIEGEL/eb. – Weiteres → *Spieß 4*; vgl. *Gelbruben-, Lieschspinner*. – DWb. 10/1, 2536; Els. 2, 544; Fischer 5, 1546; Pfälz. 6, 292; Schweiz. 10, 323; Südhess. 5, 1192.

**Spinnerei** *šbịnvrai* BECKSTEIN, WALDK. (ELZT.), HOLZEN; *šbịnərẹi* ÖFLGN, GÖRWIHL. – f.: **1)** ‚Betrieb, der Fäden/Garne produziert' ETTLGN/KRIEGER 2, 1032; *Im Tiefeschtai schtoht e Schbinnerei* RÜSSWIHL/MEIN HEIMATL. 1937, 205; vgl. *Ramie, Schlumpi, II Spinne, Spinnfabrik*. – **2)** ‚verrückte Idee, unsinniges Tun'; *v Schbinnerei* REUTE (EMM.); vgl. *Marotte, Sparafantel 2*. – DWb. 10/1, 2537; Fischer 5, 1546; Pfälz. 6, 292; Schweiz. 10, 324.

**Spinnerin** *šbịnərín* OFTERSHM; *šbịnərə* ROHRB. (EPP.); *šbịnərị* MÜNCHW., REUTE (EMM.); *šbịnərə* SCHOPFHM. – f.: ‚Frau, die (am → *Spinnrad*) Fäden herstellt' SCHWENDEMANN ORT. I, 57, GLATTES 32; Brauchtum vgl. unter → *eingehen 3b, Hochstube 2*. – Mhd. *spinnerinne, spinnerin*; zu → *spinnen 1a*. – Weiteres → *Schneller 5*; vgl. *Kunkelstube 3*. – DWb. 10/1, 2537; Fischer 5, 1546; Pfälz. 6, 292; Schweiz. 10, 323; Südhess. 5, 1192.

**Spinnernin** f.: ‚verrückte, närrische Frau'; *d Schbinnərnə* REUTE (EMM.). – Zu → *Spinner 2a*; zur Wortbildung vgl. *Käuternin, Schwätzernin* sowie GLATTES 32. – Vgl. *Zusel*.

**Spinners-berg** m.: Hofn. PETERST./KRIEGER 2, 1032.

**Spinners-hof, -höfe** m.: Hofn. WOLFACH/KRIEGER 2, 1032, O.ACHERN/eb.

**Spinnet(e)** *šbịnət* GLASHÜTTE (BÜHL); *šbịnədə* KENZGN. – f.: **1)** ‚gute, zum Spinnen brauchbare Hanffaser' GLASHÜTTE (BÜHL). – **2)** ‚gewisse Menge Hanf zum Spinnen' KENZGN/ZFDHMU. 2, 94. – Zu → *spinnen 1a*, zur Wortbildung vgl. → *-et(e)*. – Els. 2, 544; Fischer 5, 1546; Schweiz. 10, 326; SDS V, 17 (*andere Bed.*).

**Spinn-fabrik** f.: dass. wie → *Spinnerei 1*; *von dem kärglichen Verdienst ..., den sie in einer Spinnfabrik erwarb* HEBEL IV, 113. – Vgl. *Bindfaden-Fabrik* (unter → *Bindfaden 1*). – DWb. 10/1, 2541.

**Spinn-faden** *špịnfādə* ROTZGN. – m.: ‚Seide/Faden der → *I Spinne 1a*'; „*wenn sie sich abseilen*" eb./SSA-AUFN. 300/7. – Vgl. *Sonnenfaden*. – DWb. 10/1, 2531; Pfälz. 6, 287; Südhess. 5, 1187.

† **Spinn-geld** n.: ‚Entlohnung für Spinnarbeiten'; 1704 *Spinngelt: Zu W. seind nach abzug 8 Haushaltungen so gesponnen annoch zahlt worden 10 lb*. WILLSTÄTT/ORTEN. 1957, 214. – Zu → *spinnen 1a*. – DWb. 10/1, 2542; Fischer 5, 1546.

**Spinn-hanf** m.: ‚feinfaserige Hanfsorte'; *wənr khęxld (gehechelt) iš gsin dạn iš r sō fịn gsin das mv nə šbịnə hed kịnə- des wār də šbịnhanəf* 1980 LEGELSH. – Ggs. → *Schleißhanf*. – DWb. 10/1, 2542.

**Spinn-höppe** *šbịnhəb* KENZGN; „*špinnhebbe*" ÖFGN, GAILGN. – f.: **1)** dass. wie → *Spinn(en)webe 1* 1939 ÖFGN, GAILGN, KENZGN/ZFHDMU. 3, 94. – **2)** FlN, Ackergelände (19. Jh.) ZÄHRGN/BAD. FLURN. I 3, 235.

**Spinn-(h)opp(e)(le)** *šbịnhob, -i-* mancherorts südl. Ortenau, vereinz. Breisgau; *špịnhob, -i-* ESCHB. (FREIB.), HOFSGRUND, BREITNAU; *šbịnob, -i-* HERBOLZHM (BLEICH), KENZGN; *šbịnhobə, -i-* ETTHMÜNSTER, mancherorts Breisgau, nördl. Markgräflerland, RUDENBG, LENZK.; *šbịnobə, -i-* BOMB., TENINGEN, mancherorts südl. Breisgau, BLASIWALD; *špịnhopə* SAIG; *šbịnhoblə, -i-* mancherorts südl. Ortenau, verbr. Breisgau, BALLRECHTEN, LAUFEN, mancherorts südl. Baar, STÜHLGN, U.LAUCHRGN, HILZGN; *šbịnōb(ə)lə* NONNENW., OPFGN; *šbịnobələ* WOLFENWLR; *šbịnhöblə* EHRENSTET.; *šbịnhobədə* AITERN; *špịnhobəl* GÖSCHWLR; *špịnhoblə* DÖGGINGEN; *šbịnoblə* TUNSEL, GRUNERN, DÜRRENBÜHL, BIRKGN, ÜHLGN, DETZELN, verbr. südl. Baar, westl. Hegau; *špịnhopələ, -i-* RÖTENB., GÜNDELWANGEN, mancherorts südl. Baar; *šbịnəhopələ, -i-* REISELFGN, ÜHLGN; *špịnopələ, -i-* DÖGGINGEN, RIEDÖSCHGN, DILLEND., FÜTZEN, TENGEN, WIECHS (HEGAU); *špịnopələ* HILZGN, RANDEGG; *špịmopələ, -i-* (neben *špịnhobə, -howə*) GAILGN; Pl.: *šbịn(h)obə, -i-* mancherorts südl. Ortenau, Breisgau; bei auf *-ə* endenden Sg.-Formen gilt in der Regel Pl. wie Sg. – f.: **1)** dass. wie → *I Spinne 1a*, bes. südl. Ortenau, Breisgau, mancherorts südl. Schwarzw., südl. Baar, Hegau/SSA-AUFN. 300/6, SCHULZE 33, KLAUSMANN 44, TENINGEN/MITTEIL. 1919, 91; *d Schbịnhob* SCHWENDEMANN ORT. I, 148; *Derd groblet ä Schbinnhobbe* OTTOSCHWAN./MEIER WB. 67. – **2)** dass. wie → *Spinn(en)webe 1*, vereinz. südl. Ortenau, mancherorts Breisgau, nördl. Markgräflerland, südöstl. Schwarzw., verbr. südl. Baar, westl. Hegau SSA-AUFN. 300/7. 8, KLAUSMANN BR. 26, RÜ. HOFFMANN 99. 118, KENZGN/ZFHDMU. 3, 94, FREIB./MITTEIL. 1915, 336; *Me cha in jeder Suppe e Hoor finde und in jeder Ecke e Spinnobbele* GLOCK BREISG. 32. – Vgl. *Kreuzspinnhoppe*; vgl. *Spinn(en)hudel*. – Els. 1, 361; Schweiz. 16, 787 (unter *Spinnwuppe*); SDS VI, 240.

**Spinn(h)oppele-garn** *špịnōpələgārn* HILZGN. – n.: dass. wie → *Spinn(en)webe 1* eb./SSA-AUFN. 300/7. 8.

**Spinn(h)oppen-hudel** *šbịnhobəhüdlə* GLOTTERT. – f.: dass. wie → *Spinn(en)webe 1* eb./SSA-AUFN. 300/7. 8.

**Spinn(h)opp(en)-, Spinn(h)oppel(e)-nest** *šbịn(h)obənęšd, -našd* so u. ä. mancherorts südl. Ortenau, verbr. Breisgau, TODTNAU, BONND. I. SCHW., STAHRGN; *šbịnhoblənęšd, -našd* so u. ä. mancherorts Breisgau, RIEDÖSCHGN; *šbịnōbələnašd* OPFGN; *šbịnōblənašd* MENGEN, TUNSEL; *špịnobələnęšt* SCHLUCHSEE; *špịnop(ə)lənęšt* so u. ä. WETTELBRUNN, EPFENHFN, TENGEN, SINGEN A. H.; Pl.: *šbịnhoblənęšdr* WALTERSHFN; *šbịn(h)obənęšd(ə)r, -našd(ə)r* mancherorts Breisgau; s. a. Kt. → *Spinnennetz*. – n.: dass. wie → *Spinn(en)webe 1* SCHULZE 107, RÜ. HOFFMANN 99, SSA-AUFN. 300/7. 8., W. SCHREIBER 15, ETTHM/MITTEIL. 1919, 92, TENINGEN/eb.

**Spinn(h)opp(en)-, Spinn(h)oppele-netz** *šbịnhobneds*

Kappel a. Rh.; *šbįnhobəneds* Wyhl, Gündlgn; *špínhopələnets* Aulfgn; *špínopələnets* Hilzgn. – n.: dass. wie → *Spinn(en)webe 1* SSA-Aufn. 300/7. 8. – Vgl. *Spinnhuppennetz*.

**Spinnhoppen-, Spinn(h)oppele-tuch** *špínoppələ*-Büsslgn; *špínōpələtūəx* Hilzgn, Randegg; „*špinnhobbetuech*" Beuren a. Ried; s. a. Kt. → *Spinnennetz*. – n.: dass. wie → *Spinn(en)webe 1* SSA-Aufn. 300/7. 8, 1939 Beuren a. Ried/Rü. Hoffmann (Material).

**Spinn-hudel** → *Spinn(en)hudel*.

**Spinnhudel-nest** *šbįnhudlnašd* Wittenw.; *šbįnhudlənęšd* Heitershm. – n.: ‚(altes) → *Spinnennetz'* eb./SSA-Aufn. 300/7; *Spinnhudlenester* Hinterztn/Mitteil. 1919, 92.

**Spinnhudel-netz** *šbįnhudlneds* Wittenw. – n.: ‚frisches → *Spinnennetz'* eb./SSA-Aufn. 300/8.

**Spinn-hupp(e)(le)** *šbįnhublə* Ebrgn (Freib.); *špįnhup* Wieden; *špīhuplə* Präg; *špįnhupə* Todtnaubg, Schluchsee; *špin(ə)hupələ* Laufenburg; *špinəhuplə* Tiengen (Waldsh.); Pl.: *šbįnhubə* Glottert.; *špįnhupə* Wieden; bei auf -*ə* endenden Sg.-Formen gilt in der Regel Pl. wie Sg.; s. a. Kt. → *Spinnennetz*. – f.: **1)** ‚(altes) → *Spinnennetz'* 1939 Badenwlr, Präg/SSA-Aufn. 300/7, Schluchsee/eb., Laufenburg/eb., Tiengen (Waldsh.)/Mitteil. 1919, 92. – **2)** dass. wie → *I Spinne 1a* Glottert./SSA-Aufn. 300/6, Ebrgn (Freib.)/eb., Wieden/eb., Todtnaubg/eb., Schluchsee/eb. – Seltenere Nebenform zum verbr. → *Spinn(h)opp(e)(le)*, viell. auch Einfluss von → *Spinn(en)hudel*. – Schweiz. 16, 787 (unter *Spinnwuppe*); SDS VI, 240.

**Spinnhuppen-netz** n.: dass. wie → *Spinnhupp(e)(le) 1* Schluchsee/SSA-Aufn. 300/7; *špįnhupənetsr* (Pl.) eb. – Vgl. *Spinnhoppennetz*. – SDS VI, 240.

**Spinni** ‚Spinnfabrik' → *II Spinne*.

**Spinn-kaib** *šbįnxaib* Lörrach. – m.: ‚verrückter Kerl, → *Spinner 2a*' 1935 eb. – Zum Grundw. vgl. → *Kaib 2a*. – Vgl. *Spinnbruder*.

**Spinn-klee** m.: PflN ‚Kriechender Klee, → *Weißklee*, Trifolium repens'; *Wissa Schbinnklää* Reute (Emm.). – Aufgrund der niederliegenden Hauptstengel „überspinnt" die Kleeart den Boden. – Vgl. *Steinklee*. – H. Marzell Wb. 4, 791.

**Spinn-mucke** → *Spinn(en)mucke*.

**Spinnmucken-, Spinnmuckele-nest** *špinmukənęšt* so u. ä. mancherorts südl. Schwarzw., Hotzenwald, Klettgau; *špimukənęšt* so u. ä. Bernau, Präg, Ib. (Säck.), Häusern, Tiengen (Waldsh.), Griessen, Lienhm; *špimukələnešt* Stühlgn; *špimokxənešt* Griessen; Pl.: *špimukənęštər* Schönenbg; „*špinmuggenešter*" Urbg, Bierbronnen, Buch (Waldsh.), Weisweil (Waldsh.), Küssnach; s. a. Kt. → *Spinnennetz*. – n.: dass. wie → *Spinn(en)webe 1* Rü. Hoffmann 99 (u. Material), SSA-Aufn. 300/7. 8, Tiengen (Waldsh.)/Mitteil. 1919, 92. – Vgl. *Spillmuckennest*. – DWb. 10/1, 2534; Schweiz. 4, 839; SDS VI, 240.

**Spinnmucken-netz** n.: dass. wie → *Spinn(en)webe 1*; *špinnmuggenetz* 1939 Menzenschwand. – SDS VI, 240.

**Spinnmucken-tuch** n.: dass. wie → *Spinn(en)webe 1*; *Spinnmuggetuech* 1939 Büsgn. – Vgl. *Spillmuckentuch*. – Schweiz. 12, 306; SDS VI, 240.

**Spinn-rad** *šbįnrōd* Beckstein; *šbįnrād* O.scheffl.; *šbįnrad* O.weier (Rast.); *šbenrād* Auenhm; *šbįnrād* Ichenhm; *šbįnrād* Legelsh., Reute (Emm.), Tennenbronn, U.kirnach; Pl.: -*rędvr* Eberb.; -*relər* O.scheffl.; -*redr* Münchw.; oft im Dim. verwendet: -*redlə* Werthm, Hettgn, O.scheffl.; -*rādl* Legelsh., Altenhm; -*rādli* Münchw.; -*rędlį* Reute (Emm.); -*rędlį* Wieslet; -*rędlə* Hausen i. T. – n.: **1) a)** ‚Gerät zur Herstellung von gedrehten Fäden aus Wolle, Flachs, Hanf' Platz 304, 1950 Eberb., Roedder Vspr. 531b, Meng 256, Fohrer 123, Schwendemann Ort. 1, 96. 129, O.weier (Rast.)/ZfdMu. 1916, 288; *Schpinnrädl in de Schtubb* Breith./Bad. Heim. 1935, 359; *s šbįnrōd het nausgmųst* (an Weihnachten, damit es nicht stört) 1972 Beckstein; *fum šbįnrēdlį iš də fādə gmaxt wōrdə un dan hets də wąbr* (Weber) *krīgt* 1971 Wieslet; *dan iš r* (der Hanf) *uf s šbįnrād kumə dan hęn dī frauə nə gšbunə įm windr* 1980 Legelsh.; zum Brauchtum s. → *blau 2, Fastnachtboz 2, Kunklete*. – **b)** spez. ‚das → *Rad 1c* am Spinngerät' O.weier (Rast.)/ZfdMu. 1916, 288; vgl. *Scheibe 1b*. – **2)** Hausn. Freib.; 1565 *zum Spinnrad* K. Schmidt Hausn. 129. – Weiteres → *I treten 3b, II schnurren 1b, spinnen 1a*; vgl. *Läufer 4d, Schubkarren 2*. – DWb. 10/1, 2544; Els. 2, 232; Fischer 5, 1547; Pfälz. 6, 292; Schweiz. 6, 492; Südhess. 5, 1192.

**Spinnrad-brummer** *šbįnrādbrumv* Fahrenb. – m.: ‚das Stück am → *Spinnrad 1a*, das in seinem senkrechten Teil die Spule hält und außerdem mit seinem waagrechten Arm den → *Spinnrocken* trägt' eb./ZfHdMu. 2, 328. – Vgl. *Brummer 3*.

**Spinnrad-scheißer** „*Spinnradschisser*" Heidelbg. – m.: (spöttische) Bezeichnung für ein Kind, das einmal bei seiner Großmutter neben dem Spinnrad seinen Darm entleert hatte Germanist. Abh. Pa. 200.

**Spinn-rocken** *šbįnrogə* Buchen, Hettgn, O.scheffl., Rapp., Mörsch. – m.: ‚Stab am Spinnrad, auf den der zu verspinnende Hanf/Flachs gewickelt wird' Breunig 15, Meis. Wb. 177b, Roedder Vspr. 531. – Vgl. *Rocken*. – DWb. 10/1, 2547; Fischer 6/2, 3154; Pfälz. 6, 294; Südhess. 5, 1193.

**Spinn-stube** *šbįnšduwə* Eberb., Reute (Emm.). – f.: ‚gesellige abendliche Zusammenkunft zum Spinnen (→ *spinnen 1a*) oder Stricken', abwechselnd in verschiedenen Häusern, bis Anf. 20. Jh. verbr.; 1492 *Item ein ieder, der frembde leuthe hat, soll inen undersagen, bi nacht nit uff die gassen lassen zu geen oder in die spinstuben* Walldürn/OStr. 252; 1706 *In spinnstuben sollen ehrliebende haußväter und mütter nicht zugeben, daß garstige zotten, leichtfertige lieder und dergleichen getrieben werden* Schatthsn/Bad. Weist. 2, 301. – Weiteres → *Scharwache*; vgl. *Heimstube(te), Hoch-, Kunkelstube 2, Kunklete, Licht-, Stubgang*. – DWb. 10/1, 2547; Fischer 5, 1547; Pfälz. 6, 295; Schweiz. 10, 1162; Südhess. 5, 1193.

**Spinn-webe** → *Spinn(en)webe*.

**Spinnweben-garn** n.: dass. wie → *Spinn(en)webe 1*; *Spinnebegarn* Rettighm/Mitteil. 1919, 92. – DWb. 10/1, 2541 (unter *Spinneweben 5*); Fischer 5, 1546.

**Spinnweben-haut** *šbįnębəhaud* Handsch., Zaisenhsn; *šbįnębəhaud* O.scheffl., Kirrlach, Rapp.; Pl.: -*heid* O.scheffl.; Dim.: -*heidlə* eb.; s. a. Kt. → *Spinnennetz*. – f.: dass. wie → *Spinn(en)webe 1* Lenz Wb. 67, Roedder Vspr. 531b, Meis. Wb. 177b, Rapp./ZfHdMu. 2, 118, Zaisenhsn/ZfdMu. 1907, 276. 1909, 178, Kirrlach/eb. 1910, 366, eb./Mitteil. 1919, 92, Handsch./eb., Rapp./eb. – DWb. 10/1, 2541 (unter *Spinneweben 5*).

**Spinnweben-hudel** *šbįnəbəhudl* Zeutern, Hochstet. (Link.); s. a. Kt. → *Spinnennetz*. – f.: dass. wie → *Spinn(en)webe 1* 1930 Zeutern, Wagner 186.

**Spinnweben-nest** *šbįnębənęšd* Handsch. – n.: dass. wie → *Spinn(en)webe 1* Lenz Wb. 67, Handsch./Mitteil. 1919, 92. – Els. 1, 790; Fischer 5, 1546.

**Spinnweben-netz** „*Schbinnebbenetz*" Sandhsn; *šbįn*-

*wep̄ənets* KLUFTERN. – n.: dass. wie → *Spinn(en)webe 1* LEHR KURPF. 115, KLUFTERN/SSA-AUFN. 300/7.

**Spinnweben-vertilger** m.: ‚Mesner', iron. TIEFENBRONN/BlBadVk. 220. – Weiteres → *Monarch*.

**Spint** *šbind, -i̯-* WERTHM, ROSENBG, RAPP., MÖRSCH, O.WEIER (RAST.); *šbī* mancherorts Taubergrund; *šbē* DITTIGHM. – n.: ‚weiches, helles Holz zwischen der Baumrinde und dem Kernholz' PLATZ 304, HEILIG GR. 96, ROSENBG/UMFR., RAPP./ZFHDMU. 2, 110, O.WEIER (RAST.)/ZFDMU. 1916, 288. – Mhd. *spin(t)* (m.). – DWb. 10/1, 2549; Fischer 6/2, 3141 (unter *Speckholz 2*); Pfälz. 6, 296; Schweiz. 10, 385; Südhess. 5, 1194.

**spintisieren** *šbindisīrnə* O.SCHEFFL.; *šbindisīrə* so u. ä. SANDHSN, PHILIPPSBURG, RAPP., APPENW.; *šbindisīvrę* MÖRSCH; *špintisīrə* FELDBG, RADOLFZ.; Part.: *gšbindisīrt* O.SCHEFFL.; *šbindisîvt* RAPP. – schw.: **1)** ‚grübeln, nachdenken, philosophieren' ROEDDER VSPR. 531b, MEIS. WB. 177b, ELLENBAST 67, FELDBG/MARKGR. 1971, 149; *Si (die Schnepfen) spintesiere au, wie and'ri G'schöpf* TRENKLE AL. 149. – **2)** ‚träumen, versponnenen Gedanken nachhängen, sich etw. einbilden' LEHR KURPF.² 143, G. MAIER 140; *E Reff (→ Reff 12a) ... isch stets in „Rasch" (Rage), fladiert, spindisiert und resoniert* ODENWALD MPH. 85. – Etym. nicht eindeutig geklärt. Viell. zu → *spinnen 2* gebildet (vgl. KLUGE 688). In DWB. 10/1, 2550 wird auf eine mögliche Bildung in süddt. Kaufmannskreisen mit it. Einfluss hingewiesen. – Vgl. *aus-, herumspintisieren*; vgl. *schwitisieren 2, simulieren 1*. – DWb. 10/1, 2550; Fischer 5, 1547; Pfälz. 6, 296; Schweiz. 10, 385; Südhess. 5, 1194.

**Spion** *šbijōn* O.SCHEFFL.; *šbijōn* OFTERSHM; *šbiun* HANDSCH., MÖNCHZ., RAPP.; *šbiọn* MÖRSCH, O.WEIER (RAST.); *šbiōn* RHEINBISCH., TRIBG, REUTE (EMM.); „Schbeion" APPENW.; Pl.: *šbijōnə* O.SCHEFFL.; *šbiōnə* HÖRDEN, TIENGEN (WALDSH.). – m.: **1)** ‚Person, die etw. heimlich auskundschaftet' ROEDDER VSPR. 531b, LENZ WB. 67a, MEIS. WB. 178a, LIÉBRAY 278, G. MAIER 140, FLEIG 120, O.WEIER (RAST.)/ZFDMU. 1916, 288; *kọnt i̯x ni̯mi̯ uf də tants wai̯l dęv nadürli̯x sai̯ni̯ šbiōnə dǫ khabt het* 2008 TIENGEN (WALDSH.). – **2)** ‚Gauner, Halunke' MÖNCHZ./REICHERT 38. – **3)** Übern. der Bewohner von Sulzbach HÖRDEN/SSA-AUFN. 2/3. – Laut DWB. 10/1, 2552 zum mittellat. *spio* (m.) bzw. *spiones* (Pl.), das seinerseits auf eine Entl. des ahd. Verbs *spehôn* ‚spähen' zurückzuführen ist. – Vgl. *Bote, Schnuffler, Schnupfler, Spitzel*. – Els. 2, 534; Fischer 5, 1547; Pfälz. 6, 296; Schweiz. 10, 25; Südhess. 5, 1195.

**spionieren** *šbiǫnīrn* HANDSCH.; *šbi̯jənīrnə* O.SCHEFFL.; *šbiunīrə* RAPP.; *šbi̯ǫnīrə* O.WEIER (RAST.); *šbiǫnīərə, -iv-* MÖRSCH, RHEINBISCH.; *šbeionīre* APPENW.; Part.: *gšbi̯jǫnīrt* O.SCHEFFL.; *šbi̯unīvt* RAPP. – schw.: ‚heimlich auskundschaften, unbemerkt beobachten' ROEDDER VSPR. 531b, LENZ WB. 66a, MEIS. WB. 178a, G. MAIER 140, O.WEIER (RAST.)/ZFDMU. 1916, 288; *mißmutig ... warf er sich endlich in ein Bierhaus, ... wo er durch den beweglichen Fensterschieber spionirte* REICH WANDERBL. 228; *i mueß numme stuune, was ich uch uf 's Spiuniere v'rsteh'n; an euch, Bur, isch e flodde Schandarm v'rlore gange* GANTHER STECHP. 73. – Zur Etym. vgl. → *Spion*. – Syn.: *verkundschaften, herumloschoren, -spintisieren, laustern, loschoren, lüsperlen, nachforschen, -spüren, I schächen 2, schnuffeln 2, spanifeln 1, spitzeln 4, spolieren*. – DWb. 10/1, 2554; Pfälz. 6, 296; Schweiz. 10, 25; Südhess. 5, 1195.

**Spiräe** f.: PflN, ‚eine Waldgeißbart-Art, Aruncus silvester'; *wilde Spiraee* VÖRSTET./MITTEIL. 1919, 67. – Vgl. *Bienle- 2, Immenkraut 3, Geißbart 2a, -wedel*. – H. Marzell Wb. 1, 456.

**Spiral-bohrer** *šbirālbōrr* AUENHM. – m.: ‚→ *Bohrer 3* mit wendelförmigem Schaft' MENG 176. – Vgl. *Schneckenbohrer*. – Pfälz. 6, 296.

**Spirale** *šberāl* RHEINBISCH.; *šbirālv* REUTE (EMM.). – f.: ‚wendelförmiger Gegenstand aus Metall o. ä.', z. B. Spiralfeder, die zur Herstellung von Uhren benötigt wird; vgl. auch → *Tonfeder*. – Entl. aus lat. *spiralis* ‚schneckenförmig gewundene Linie'. – DWb. 10/1, 2554; Fischer 5, 1548; Pfälz. 6, 296; Schweiz. 10, 452; Südhess. 5, 1195.

**Spire** ‚Schwalbenart' → *Spier(e)*.

**Spirgel** f.?: PflN, ‚Mispel, Mespilus germanica'; *Spirgeln* (Pl.) ZELL (BÜHL)/MITTEIL. 1915, 379. – Vgl. *Mespel, I Sperbel*.

**Spirgel-see** m.: FlN ZELL (BÜHL), offenbar nach den dort früher vorkommenden Mispeln (→ *Spirgel*) ben. MITTEIL. 1915, 379.

**Spiritus** *šbiri̯dus* LINACH; *šbiridus* KONST. – m.: ‚(Nutz-) Alkohol, → *Weingeist*' HEIDELBG, JOOS 253; spez.: Mittel zum Einreiben, „spîritus, spîretus, noch seltener hört man w[e]i[n]gaist, wird selten in Apotheken vom Landvolk gefordert" ARCH. PHARM. 1922, 166; *Spiritus Tartari* ‚Weinsteinsäure', bei Abraham a Sancta Clara im übertr. Sinn für ‚Höllengeist, Teufel' gebr. ZFDW. 8, 286; *ę hōxbrotsəndi̯gə šbiri̯dus* 1972 LINACH; *Dann, is der Spiridus emol im Brenne, / Do brennt er fort - bis daß er nimmer brennt* NADLER 80. – Lat. *spiritus* ‚Geist'. – Vgl. *Kampfer-, Senfspiritus*; vgl. *Sprit*. – DWb. 10/1, 2555; Els. 2, 546; Fischer 5, 1548; Pfälz. 6, 296; Schweiz. 10, 453; Südhess. 5, 1196.

**Spiritus-kocher** m.: ‚Gerät zum Kochen mit Hilfe von Brennspiritus', im Dim. auch scherzh. Bez. für ‚Mofa (Fahrrad mit Hilfsmotor)' HUMBURGER 174.

**Spirke** f.: PflN, ‚Hakenkiefer, Pinus uncinata' SCHWARZWALD/ALEM. 43, 148 = MITTEIL. 1913, 287; um 1925 „sachlich noch vorhanden, aber gefährdet" AHA. – Fischer 5, 1548; H. Marzell Wb. 3, 772.

**Spirle** ‚Schwalbenart' s. u. → *Spier(e)*.

**Spirz** „*šbyrds*" OTTENHM. – m.: „als Eigenname" (ohne nähere Ang.) eb.

**Spirzen** *šbi̯rdsə* ST. MÄRGEN. – f.: FlN, Zinken in der Gemeinde St. Märgen, von der Einmündung des Spirzen- in den Wagensteigbach bis zum → *Spirzenkopf*; 1357 in einem Kaufvertrag: *... Sweinebrüne, Erlibach u. Spirtza ...* FREIB. HLGEIST. 1, 169; 1462 *die nüwen lehen in der Spirtza* H. SCHREIBER URK. 2, 474; 1540 *obere, undere Spürtzen* Fertigungsprotokolle zit. in BAD. FLURN. I, 3, 235; *ein Schreiner aus der Spirzen* J. FISCHER 147; *in dr šbi̯rdsə hamstert eine Frau* 1919 KIRCHZTN; *die Spirzen* ST. MÄRGEN/SCHULHEFT 1968, 12; *die Thäler des Spirzen, über den ich wanderte* REICH WANDERBL. 121; *Auf den Spirzen* und *In den Spirzen* als offizielle Straßenschilder 2022, neben *Auf der Spirzen* und *In der Spirzen* im Straßenverzeichnis des Landkreises Breisgau-Hochschwarzwald. – Das Genus ist in den historischen und einheimischen Belegen zweifelsfrei f., in neueren Belegen von Ortsfremden erscheint jedoch m., wohl verursacht durch das (heutige) Suffix *-en* oder die Auffassung als Name eines Berges; die Etym. der Stammsilbe lässt sich nicht klären, als Grundlage des Suffixes vermutet E. Ochs → *Ach*. – Krieger 2, 1032.

**Spirzen-kopf** *šbi̯rdsəkobf* ST. MÄRGEN. – m.: FlN, Berg, am oberen Ende der → *Spirzen* gelegen 2022 eb.

**Spirz-jockel** m.: Hofn. ST. MÄRGEN; *i bin bocket bi's Spirzjockels abe* eb./SCHULHEFT 1970, 21. – Bestimmungsw. zu → *Spirzen*, Grundw. zu → *Jockel 1*.

**spisselig** *šbísəli̯š* EBERB. – Adj.: ‚zart', von einem Kind gesagt 1952 eb. – Zu *Spiss* (unter → *Spieß 1b*) in einer bei uns nicht bel. Nebenbedeutung ‚dünnes spitzes Holz'. – Fischer 5, 1548; Rhein. 8, 370 (jew. *spissig*).

**spissen** nur in → *verspissen*.

**Spissinger** FN: Forb./Klausmann FN 119. Kt. 49, wohl Herkunftsn.

**Spital** *šbidāl, -ā̊-* verbr. in ganz Nord- und Mittelbaden, Lörrach; *šbidǭl, -t-* Kurpfalz, um Schwetzgn, vereinz. Baar, Hegau, um Stockach, Konst.; *šbedāl* Rheinbisch.; *šbidāl, špitāl* St. Georgen (Freib.), Todtm., Wehr; *šbidl* (Anf. 20. Jh. veraltet) Lörrach; Pl.: *šbidēlər* O.scheffl., Appenw.; *šbidę̄lv* Rapp.; *špitēlər* Wehr. – n., m. (in Ottenhm, St. Georgen (Freib.), Gutmadgn, Radolfz., Konst. und in hist. Belegen): **1)** ‚Pfründner-, Armenhaus' Möking 49; 1555 *doch soll der spittal das eisen darzu geben* Überl. Stadtr. 448f.; 1674 *allein zu des spitals und dessen güeter nuzen und fromben und sonsten niemanden andern ... gebraucht werden* Neuenb. Stadtr. 137; 1713 *ich findt st charle boromée estimable weillen er bey seinem leben spitaler gestifft* Elis. Charlotte/Lefevre 130; 1792 *der Spital von Freiburg* Ebrgn (Freib.)/Arx-Booz 22; spez. Häuser: ca. 1896 *Spital bei der Kirche* ‚Mehrfamilienhaus' Hausen a. d. Aach/W. Schreiber Zw. 313; *dè aalt Spitòòl* Ellenbast 68; vgl. *genießen 1*. – **2)** ‚Krankenhaus, Pflegeheim' Roedder Vspr. 531b, Meis. Wb. 177b, Lenz Wb. 67a, Liébray 277, Frei Schbr. 154, O. Sexauer 82, Fitterer 241b, Heimburger 216, G. Maier 140, Schwendemann Ort. 3, 97, Fleig 120, Beck 75. 109, Schäuble Wehr 138, Flügel 50, Kirner 298, E. Dreher 33, Möking 15, Joos 144. 253, Stockach/Hegau 1978, 183; *De Nochber isch ins Schbidāāl kumme*. Lehr Kurpf.² 142; *im Spittel lit de armi Ma* Jung Brägel 72; *də Spitǭl z Güsinga* (Pflegeheim für geistig und psychisch Kranke) Kramer Gutmadgn 280; Ra. (nicht klar von Bed. 1 zu trennen): *im gleichen Spital krank sein* ‚die gleiche Sorge, den gleichen Fehler haben' Zimmerm. hs. 286, ähnl. Glock Breisg. 26, Burte Wiltf. 73, Burte Utz 124, Burte Patr. 107; *dr wohnt im gliche spittel* G. Uehlin Wies. 13; *mv brauxt niks ins špital tsə šikə* ‚gerade genug Nahrung für sich selbst haben' 1917 Heidelbg; Volksreim: *Unser Katz hot Junge / siwwe an der Zahl / viere sin schun g'schtorwe / drei sin im Spital / und der Kater spricht: / Die ernähr ich nicht!* Schick 71. – **3)** Bestandteil von FlN; 1537 *des Spitals von Bretten Hofgarten* Rinklgn/Bad. Flurn. I 5, 34; 1660 *Im Spitahl* W. Kleiber Kipp. 95; 1727 *obm neuen Spithal* Hornbg (Schwwaldb.)/Bad. Flurn. III 5, 64; 1728 *Haus Hoff .. auf Kirchberg, der Spitel gen.* Öhngn/Hegau-Flurn. 5, 69; 1749 *solle ab ihrem Spital Haus und garthen aneinander* Orsgn/eb. 1, 49; dazu zahlreiche Zusammens. wie *Spital(s)-* bzw. *Spittelacker, -äule* (Dim. zu → *Au*), *-bogen, -bohngarten, -brügel* (viell. zu *Brühl*), *-feld, -garten, -(ge)breite(n)* (vgl. *II Breite 2*), *-graben, -gut, -hag, -halden, -hof* (dazu *Spital-* bzw. *Spittelhofmatte, -wald, -wiese, -straße*), *-holz, -holzbrügel, -matt(e), -mattfeld, -neumatte, -rod* (vgl. *Rod*), *-stelz* (vgl. *Stelze*), *-straße, -stück, -wald, -weg, -weingarten, -wiese, -wiesacker* E. Schneider Ettl. 2, 183, Bad. Flurn. I 3, 235ff., Orten. 1975, 269, Bad. Heimat 1973, 235, W. Kleiber Kipp. 95, Roos 398f., St. Märgen/Schulheft 1970, 12, W. Fischer 200, Hegau-Flurn. 7, 59. 90. 112, W. Schreiber Zw. 313, E. Schneider Hilz. 176 sowie *Spittler Bohnacker* u. *Spittler* → *Kriesbaumacker* Roos 390. – Schon im Ahd. entlehnt aus lat. *hospitalium* ‚Gastzimmer', heutige Form verkürzt aus mhd. *hospitâl*. – Weiteres → *I brechen 6bα, gleich 1bα, kindbetten, krank 1a, Operation, Schwester 2b*;

vgl. *Blaternspital* (unter *Blater 1b*); vgl. *Kolebais, Spendhaus*. – DWb. 10/1, 2556; Els. 2, 551; Fischer 5, 1548; Pfälz. 6, 297; Schweiz. 10, 604; Südhess. 5, 1196.

† **Spital-amt** n.: ‚Verwaltung des Spitals'; Anf. 16. Jh. *güeter, so in das spittelambt gehörend* Überl. Stadtr. 162. – Fischer 5, 1549.

**Spital-batzen** *šbidālbadsə* Freib. – m.: ‚großer Brocken schleimigen Auswurfs' 1922 eb. – Zum Grundw. vgl. → *Batze(n) 2*. – Vgl. *Spitalbollen, -fünfziger, Spitäler 4*.

**Spital-böhm** *šbidālbēm* Eberb. – m.: ‚der Spitalverwalter mit FN Böhm' 1950 eb.

**Spital-bollen** *šbidālbollə* Freib. – m.: dass. wie → *Spitalbatzen* 1922 eb.

**Spital-brüder** *šbitālbrivdr* Reute (Emm.) – Pl.: wohl ‚arme Menschen, die auf Almosen angewiesen sind' eb. – Fischer 5, 1549; Schweiz. 5, 421; Südhess. 5, 1197.

**Spital-brunnen** *šbidālbrunə* Müllhm. – m.: ‚öffentlicher Brunnen vor dem 1846/47 erbauten Spital' eb.; 1859 *(Deuchelführen)* (→ *Teuchel*) *an den Spitalbrunnen* W. Fischer 200f. – Fischer 5, 1549 (unter *Spital*); Pfälz. 6, 297.

**Spital-bühne** f.: FlN in Gaisb. (heute Ortsteil von Oberkirch); auf der *Spitalbühne* besaß Hans Jakob Christoffel von Grimmelshausen ein Haus, das als Entstehungsort eines Teils seiner Werke gilt (Simpliciana, Schriften der Grimmelshausen-Gesellschaft, 31. Jg. (2009), S. 551).

**Spital-doktor** „*Schbiddldokder*" Altenhm. – m.: Dorfname für einen Arzt, dessen Vorfahren Verwalter der Spitalgüter in Altenheim waren Marx 50.

**spitälelen** *šbidēlələ* Tribg. – schw.: ‚nach → *Spital* riechen' Fleig 120.

**Spitaler, Spitäler** *šbedlr* Altenhm; *šbidēlr* um Schonach; *šbitēl(ə)r* Gutmadgn, Stockach, Radolfz., Konst.; *šbitōlər* Reichenau. – m.: **1) a)** ‚Bewohner eines Pflegeheims, Patient in einem Krankenhaus' Kramer Gutmadgn 280, Fuchs 63, Joos 148f., Stockach/Hegau 1978, 183. – **b)** ‚hinfälliger Mensch, Pfründner' Fleig 120, Ellenbast 68. – **c)** ‚jem., der in der Umgebung des Spitals wohnt' Schiltach/Orten. 1967, 174. – **2)** dass. wie → *Spitalmeister* Fohrer 158. – **3)** ‚der Weißfisch Laube, Cyprinus leuciscus' Möking 49, angeblich wegen seiner Minderwertigkeit abgeleitet von → *Spital 1*; vgl. *Schneider 3fβ*. – **4)** dass. wie → *Spitalbatzen* Ellenbast 68. – Mhd. *spitâlære, spitâler*. – DRechtswb. 8, 991; DWb. 10/1, 2559; Fischer 5, 1549; Pfälz. 6, 297; Schweiz. 10, 641; Südhess. 5, 1197.

**Spitäler-bank** *šbitēlərbayg* Stockach. – m.: ‚Sitzbank in der Nähe des Spitals, auf der oft die → *Spitäler 1a* saßen' eb./Hegau 1978, 183.

**spitäleren** *šbidēlərə* Tribg. – schw.: ‚kränkeln, Krankenhausaufenthalte haben' Fleig 120.

**Spitälerin** f.: ‚Sturmglocke' 1859 Überlgn a. B./X. Staiger 19. – Vgl. *Metzlerin, Osanna*. – Fischer 5, 1550.

† **Spital-fuhre** f.: ‚Fuhrwerk nebst Zugtieren, das dem → *Spital* gehört'; 1674 wird geklagt, *daß die spital fuehren ... durch die burgermeistere ... zue ihrem aigentumblichen nuzen* (d. h. für private Zwecke) *gebraucht ... werden* Neuenb. Stadtr. 137. – Zum Grundw. vgl. → *Fuhre 1b*.

**Spital-fünfziger** *šbidālfufsgər* Freib. – m.: dass. wie → *Spitalbatzen* 1922 eb.

**Spital-fuß** m.: scherzh. für ‚beeinträchtigtes Körperteil'; *i hör' neggar* (= nicht sehr) *gut uffem linke Spidalfuß* Eichrodt² 144.

**Spital-gast** *šbidālgašd* Etthm. – m.: ‚großer → *Rüpel*', 1910 als veraltet angegeben eb. – Bestimmungsw. nimmt

Bezug auf die unterstellten rauen Sitten im Armenhaus, zum Grundw. vgl. → *Gast 4a*.

† **Spitalit** m.: ‚Bewohner eines Armenhauses'; 1788 E. SCHNEIDER DURL. – Vgl. *Häusler 2*.

† **Spital-knecht** m.: ‚Heilgehilfe, Pfleger', veraltet; *'s hätt 's kei Spitalchnecht besser chönne* G. UEHLIN FÖH. 13. – Vgl. *Spitalmeister*. – DWb. 10/1, 2560.

**Spital-kuh** f.: ‚(minderwertiges) weibliches Rind'; nur im Spottlied „Der Sylvesterzug in Schiltach": *Dr Haierle mischt si au derzue / Er reit sei Räppli fei" / Und ufere alte Schbittelkue / Sei Hauseri hinne drei"* SCHILTACH/MEIN HEIMATL. 1925, 156.

† **Spital-meister** m.: ‚Aufseher, Verwalter eines Spitals'; 1399 *daby waz von dez spitals wegen Ullin, ein spitalmeister, un der alt Dyemar* SCHRIESHM/BAD. WEIST. 2, 29; 1674 *ane begreifung des spitalmeisters* NEUENB. STADTR. 137. – Mhd. *spitâlmeister*. – Vgl. *Spitalknecht, -pfleger*. – DWb. 10/1, 2560; Fischer 5, 1551; Pfälz. 6, 298.

**Spital-mucken** *šbịdǝlmugǝ* Umg. v. BRETTEN. – Pl.: Neckname für die Bewohner von Bretten. – Wohl in Bezugnahme auf ein schon im 14. Jh. gegründetes → *Spital*.

**Spital-mühle** *šbịdǝlmīli* WALDK. (ELZT.). – f.: ‚→ *Mühle 1*, die einem Spital gehörte' eb.; 1781 *von der Spithal Mihlen* (seit 1533 dem Heiliggeistspital gehörend) RADOLFZ./HEGAU-FLURN. 7, 59; nur noch in FlN erhalten FREIB./BAD. FLURN. I 3, 236. – Vgl. *Stiftsmühle*. – Pfälz. 6, 298.

† **Spital-pfleger** m.: ‚Vorsteher, Verwalter eines Spitals'; 1567 *den spittalpflegern* FREIB./TH. FRANK 79; 1560 *ainem jeden spittalpfleger, so hinfürter usser der oberkait bevelch solliche amptsverwaltung tregt* ÜBERL. STADTR. 518. – Vgl. *Spitalmeister*. – DWb. 10/1, 2560; Fischer 5, 1551; Schweiz. 5, 1237.

**Spital(s)-gut** n.: **1)** ‚dem Unterhalt eines Spitals dienendes Vermögen'; 1678 *das reiche spitalgut zu Heydelberg* KIRCHHM/BAD. WEIST. 3, 267. – **2) a)** ‚von einem Spital bewirtschaftetes Landstück'; 1496 *der spittal zu Heidelberg mit ungeverlich 5 1/2 morgen spittalsgutern* KIRCHHM/BAD. WEIST. 3, 187. – **b)** FlN HILZGN; 1561 *stost uff des Spitals gutt von Zell* E. SCHNEIDER HILZ. 176. – Fischer 5, 1549 (*unter Spital*).

**Spital-weiber** „*Schbitâlwīwer*" REUTE (EMM.). – Pl.: wohl ‚arme Frauen, die auf Almosen angewiesen sind'. – Fischer 5, 1552.

*I* **Spittel** u. Zusammens. → *Spital(s)(-)*.

*II* **Spittel** ‚keilförmiges Stück' → *Speidel*.

**Spitz** → *Spitz(en)*.

**spitz** *šbịds*, *-i-* verbr. in ganz Baden. – Adj.: **1)** ‚schmal und dünn zulaufend und in einem Punkt (einer → *Spitze 1a*) endend', (neben bodenständigerem → *spitzig*) FREI SCHBR. 153, DISCHINGER 184, REUTE (EMM.); vom Malzkaffee (in Anspielung auf die Form der Gerstenkörner): *er is vorne schbids un hinne schbids* BRÄUTIGAM SO 127 (vgl. *Spitzbohnenkaffee*); auch Bestandteil von FlN, z. B.: 1341 *das spitze riet* MUNDGN/ROOS 120, sowie weitere Belege im Breisgau; Volksglaube: „spitze Geräte sind gut zur Hexenabwehr" E. H. MEYER 559. – **2)** übertr. ‚lüstern, geil' DISCHINGER 184. – Ahd. *spizzi*, mhd. *spiz*, *spitz*. – Weiteres → *Stahl*; vgl. *scharf 1. 3f*. – DWb. 10/1, 2562; Els. 2, 554; Fischer 5, 1555; Pfälz. 6, 299; Schweiz. 10, 672; Südhess. 5, 1197.

**Spitz-acker** *šbịdsagǝr* BERGHAUPTEN, WINDENR., SCHALLST., MENGEN; *-axǝr* GRENZACH-WYHLEN; *-akxǝr* RIELASGN; Pl.: *šbịdsegǝr* SPRANT., RINKLGN, BÖHRGN; Dim.: *-egǝrli* STEINACH. – m.: FlN, häufig bel. E. SCHNEIDER SPR. 306, E. SCHNEIDER ETTL. 2, 185, GÖBRICHEN/UMFR., 1932 BERGHAUPTEN, W. KLEIBER KIPP. 95, mehrf. im Breisgau/Roos 119f., FREIB./BAD. FLURN. I 3, 237, O.EGGENEN/eb. III 1, 39, HANDSCH./eb. III 4, 66, ZIEGELHSN/eb. III 6, 61 (hier auch *Spitzackerwiese*), MÜLLHM/W. FISCHER 201, SINGEN A. H./W. SCHREIBER ZW. 314, RIELASGN/HEGAU-FLURN. 2, 52, ARLEN/eb. 79, BÜSGN/eb. 3, 38, GOTTMADGN/eb. 4, 48, ÖHNGN/eb. 5, 69, WIECHS (HEGAU)/eb. 6, 80, BÖHRGN/eb. 7, 90; *im šbịdsàxǝr* GRENZACH-WYHLEN/RICHTER 159; *ufm schbitzagger* STEINACH/BAD. FLURN. III 3, 97; *ann de spitzägger* RINKLGN/eb. I 5, 34. – Benennung nach der Form, vgl. *Spitz(en) 5*. – Vgl. *Gehren 3, Spitzkolben*. – Fischer 5, 1555 (*unter Spitz*); Pfälz. 6, 300; Südhess. 5, 1199.

**Spitz-ahorn** *šbịdsāhorn* REUTE (EMM.). – n. (eb., sonst ohne Genusangabe): PflN ‚spitzblättriger Ahorn, Acer platanoides' KENZGN, HECKLGN/Die Pforte 1985, Nr. 9/10, S. 66; „nicht einheimisch" REUTE (EMM.). – DWb. 10/1, 2573; Fischer 6/2, 3156; Schweiz. 1, 161; Südhess. 5, 1199.

**Spitz-ärsche** Pl.: Neckname für die Bewohner von Riegel, einem Ortsteil von KAPPELWI.; *d reilr šbịdsęrš* BURKART 225. – Fischer 5, 1555; Pfälz. 6, 300; Südhess. 5, 1199 (jew. *Spitzarsch*, teils andere Bed.).

**Spitz-bohnen** Pl.: ‚zu Malzkaffee verarbeitete Gerstenkörner' MANNHM/BRÄUTIGAM SO 127, REUTE (EMM.), 1946 Hochrhein. – Grundw. ist scherzh. Anspielung auf den höherwertigeren Bohnenkaffee, für den Malzkaffee als Ersatz gilt. – Vgl. *spitz 1*. – Pfälz. 6, 300.

**Spitzbohnen-kaffee** *šbịdsbōnǝkáfē* MANNHM, EDGN, BRÜHL, PLANKST., OFTERSHM, NEULUSSHM; *-būnǝ-* NECKARHSN, SCHWETZGN, KETSCH, ALTLUSSHM, HOCKENHM, REILGN. – m.: ‚Malzkaffee' BRÄUTIGAM SO 127, FREI SCHBR. 153. – Vgl. *Muckenfuck, Schnorgelbrühe, Spitzbohnen*. – Pfälz. 6, 300; Südhess. 5, 1200.

**Spitz-brühl** m.: FlN SCHWARZACH; 1478 *10 tauwen gen. der spitz bruel ...* ORTEN. 1975, 270. – Nach der Geländeform ben., zum Grundw. vgl. → *Brühl*.

**Spitz-bube** *šbịdsbū* WERTHM, O.SCHEFFL., MANNHM, HANDSCH., SANDHSN, um OFTERSHM, ROHRB. (EPP.), RAPP., MÖRSCH; *-buǝ* STEINB. (BÜHL), NEUSATZ, O.-WEIER (RAST.), MÜNCHW., TRIBG, WEHR; *-buǝ* REUTE (EMM.); Pl.: *-būwǝ* O.SCHEFFL., RAPP.; *-buǝbǝ* SANDW.; Dim.: *-būwlǝ* O.SCHEFFL., *-biwl* PHILIPPSBURG. – m.: **1) a)** ‚Dieb, Gauner, Betrüger' BRÄUTIGAM SO 127, ROEDDER VSPR. 531b, LENZ WB. 67a, FREI SCHBR. 153, LIÉBRAY 277, G. MÜLLER 36, MEIS. WB. 178a; *sou a Schbitzbua* LINDELB./MEIN HEIMATL. 1933, 367; *E Spitzbue bisch, e Hallunk, e schlitzöhrige Kaib* GANTHER STECHP. 51; *do het jeder im Städtli si Nochb'r für e Spitzbue a'g'luegt un kein het meh in andere traut* eb. 40; *Ob nun der Goldschmied noch überdies an das Sprichwort dachte, daß man Spitzbuben am besten mit Spitzbuben fangen könne, ...* HEBEL 4, 151, weiteres eb. 3, 79; *der Gast sagt zum Wirt: „Alle Wert sin Schbitzbuuwe", secht de Wert: „Awwer net alle Schbitzbuuwe sin Wert."* LEHR KURPF. 143; Ra.: *fàre wiǝn šbịdsbū* PLATZ 304, 1895 WERTHM/UMFR.; Sprichw.: *Klaaina šbịts-būwǝ foŋt mr, groosa last mr laufǝ* O.WEIER (RAST.)/ZfdMu. 1916, 288; Aberglaube: beim Rübensäen spricht man: *Ich säe für Huren und Buben, für Spitzbuben und Diebsleut, laßt mir mei' Rübe unkeit* (→ *ungeheit* ‚ungeschoren') O.BALB./E. H. MEYER 422. – **b)** ‚Lausbub, durchtriebenes Bürschchen' BRÄUTIGAM SO 127, SCHWENDEMANN ORT. 1, 36, FLEIG 120; *Gugg emol, wie dess Spitzbiwl so vastohle do hinne vorgiggt* ODENWALD MPH. 47; *der hett zue ne gseyt: „Der well vun eich drey Spitzbuewe soll i nemme?"* LAUF/MEIN HEIMATL. 1933,

383. – **2)** ‚kleiner Finger', im Kinderreim: *Des isch dr Duume / der schittlet d Pfluume / der hebt si uf, / der trait si heim, / un der klei Schpitzbue ißt si ganz ellei* bzw. *... der klei Schpitzbue sait's deheim* WALDK. HEIMATBR. 1963, 22, ähnl. SCHÄUBLE WEHR 9. – **3)** dass. wie → *I Kreisel 1a* NEUSATZ, STEINB. (BÜHL). – **4) a)** ‚Schnaps' DÖGGINGEN; „einen *Spitzbub* verlangt der Schandarm im Wirtshaus" eb. – **b)** ‚Weihnachtsgebäck', dreistöckige Mürbeteigplätzchen mit Gelee verbunden FREIAMT. – **5)** PflN ‚Frucht des → *Odermennig'* OTTERSD.; *das Schpitzbüwel* RUF 41. – Zu *bei uns nicht bel. spitz* ‚schlau, gerissen'. – Weiteres → *ausbeinen, Diebsleute, vermaledeien, visitieren, gefähr, klein 1a, lauter 2, liederlich 2, II Mauer, rot 1*; Syn. vgl. *Schelm*, dazu *Schlawack 2b, Schlenkel 2a, Schlitzbube, Serch.* – DWb. 10/1, 2576; Els. 2, 5; Fischer 5, 1556; Pfälz. 6, 300; Schweiz. 4, 942; Südhess. 5, 1200.

**Spitzbuben-pack** *šbidsbūwəpak* O.SCHEFFL. – n.: ‚Gesindel, Gruppe mit üblen Absichten' ROEDDER 531. – Zum Grundw. vgl. → *Pack 2*.

**Spitzbuben-verband** „Spitzbuwverband" WINZENHFN. – m.: tadelnd, abfällig für ‚Kommunalverband' 1920 eb.

**Spitz-buberei** *šbitsbūwvrái* HANDSCH., SANDHSN. – f.: ‚Unsinn, Streich, Narretei' LEHR KURPF.² 143, LENZ 4, 9; auch scherzh. für → *Spezerei* eb. – Vgl. *Seckelei.* – Els. 2, 5; Fischer 5, 1556; Pfälz. 6, 302; Südhess. 5, 1202.

**Spitz-bübin** „Schbitzbüwin" SANDHSN. – f.: ‚verschlagene, böse weibliche Person' LEHR KURPF.² 143. – Vgl. *Raguster.* – DWb. 10/1, 2581; Pfälz. 6, 302; Südhess. 5, 1203.

**spitz-bübisch** *šbidsbivbiš* REUTE (EMM.). – Adj.: ‚listig' eb. – Wohl aus der Standardsprache entlehnt. – Vgl. *politisch 1, hintersteckt, keinnützig 2b, schlitzohrig, wehtaged.* – DWb. 10/1, 2581; Fischer 5, 1556; Pfälz. 6, 302; Südhess. 5, 1203.

**Spitz-del** n./m.?: ‚spitz zulaufendes Ende einer Welle/Achse', in der Uhrmacherei FURTWANGEN. – Zum Grundw. u. für Weiteres → *Del*.

**Spitz-dissi** *šbidsdisi* IHRGN. – m.?: ‚jem. in spitzen Schuhen, der oder die darin nur mit Mühe laufen kann' eb. – Möglicherweise eine Spontanbildung, Grundw. entweder zu → *Dissi 2* (m.) oder zu → *düseln 2*.

**Spitz-draht** „spitzdroht" GUTMADGN. – m.: ‚in Pech getränktes Garn der Schuhmacher' KRAMER GUTMADGN 280. – Vgl. *Drähtegarn.*

**Spitze** *šbidsə, -t-* WERTHM., O.SCHEFFL., O.WEIER (RAST.); *šbids, -i-* Kurpfalz, um OFTERSHM, RAPP.; Pl.: *šbedsə* AUENHM; bei zweisilbigen Formen Pl. wie Sg. – f.: **1) a)** allg. ‚spitz zulaufendes Teil, schmaler werdendes Ende' PLATZ 304, FREI SCHBR. 153, ROEDDER VSPR. 531b, LIÉBRAY 277, MEIS. WB. 177b. – **b)** in bes. Bed., im Einzelnen: α) ‚Mundstück eines Zigarrenhalters' ROEDDER VSPR. 531b, FREI SCHBR. 153, LIÉBRAY 277. – β) ‚Spitze einer Stichwaffe', in der Ra. *d' Schbizz abbresche* ‚die Angriffsspitze nehmen' LITTERER 318. – γ) ‚Eisenspitze (unten am Bremshebel)', Fischerspr.; *šbidsə us īsə* FLUCK 119. – δ) ‚das spitzere Ende des Eis'; Kinderspiel (Anf. 20. Jh.): Zwei Kontrahenten schlagen je ein Ei *Schbitze uf Schbitze* und dann die entgegengesetzten Seiten aufeinander. Das nennen sie → *picken*. Das zerbrochene Ei erhält der Sieger zu seinem eigenen FREUDENBG/MAI 197. – **2)** übertr. ‚höchster Punkt, äußerstes Maß' ROEDDER VSPR. 531b; Ra.: *uff di Schbidds dreiwä* ‚bis zum Äußersten gehen' FREI SCHBR. 153, ähnl. BRÄUTIGAM MACH 116f., LITTERER 318. – **3)** ‚aus dekorativen Elementen bestehendes, durchbrochenes Textilstück' ROEDDER VSPR. 531b, LIÉBRAY 277; *šbedsə hägļə* ‚Sp. häkeln' MENG 171; *hēglnodlə dsum šbitsə hēgļə* 1973 WALDAU; *šbitsə ən də wiiwər-*

*kabə* ‚Sp. an der Frauenkappe' O.WEIER (RAST.)/ZfDMU. 1916, 288; *Brissäla Schbidds* FREI SCHBR. 153; vgl. *Spitzenstoff.* – Ahd. *spizza*, mhd. *spitze*. Genus f. überwiegend in Nordbaden, durch *e*-Apokope schwer zu trennen von → *Spitz(en)* m., wenn in den Quellen kein Genus angegeben ist. – Weiteres → *Kübel 1, Speierling 1*; vgl. *Tannen-, Daun-, Kristbaum-, Maul-, Nagel-, Nasen-, Neckar-, Saustalltürspitze, Schifflespitzle*; vgl. *Spitz(en).* – DWb. 10/1, 2582; Pfälz. 6, 303; Südhess. 5, 1203.

**Spitz-eber** *šbídsewər* FURTWANGEN; *-ẹ̄wər* KÖNIGSCHAFFHSN. – m.: ‚einhodiges Schwein' 1932 ETTHM. OCHS-FESTSCHR. 246. – Vgl. *Barg, Keibeber.* – Fischer 6/2, 3156; Pfälz. 6, 304; Südhess. 5, 1205.

**Spitz-eisen** *šbídsīsə* FURTWANGEN. – n.: ‚Meißel' WAHR 24; dient neben → *Steinmeißel* und → *Schlageisen* zu kleineren Arbeiten beim Steinhauen, Steinhauerspr. 1948 ETTHMMÜNSTER. – Weiteres → *löchern 2.* – DWb. 10/1, 2597; Fischer 5, 1556; Pfälz. 6, 304; Schweiz. 1, 545; Südhess. 5, 1205.

**Spitzel** m.: ‚Person, die etw. heimlich auskundschaftet und weitermeldet'; *v Schbitzļ* REUTE (EMM.). – Aus der Standardspr. – Vgl. *Spion 1.* – DWb. 10/1, 2597; Fischer 5, 1556; Pfälz. 6, 304; Schweiz. 10, 698; Südhess. 5, 1205.

**Spitz-elbling** m.: ‚die Rebsorte „weißer Alben"' 1827 an der Bergstraße J. METZGER WEINB. 39, K. MÜLLER WEINB. 792. – Weiteres → *Elbling*.

**spitzeln** *šbídsļə, -i-* EBERB., HEIDELBG, ZELL A. H., MÖHRGN, SUNTHSN, KONST. – schw.: **1)** dass. wie → *spitzen 1* EBERB. GESCHICHTSBL. 21, KIRNER 242, JOOS 99, HEIDELBG/BAD. HEIM. 1917, 87; *s blẹiwts* (= Bleistift) *šbitsļə* SUNTHSN, ähnl. HEIDELBG. – **2)** ‚mit der Spitze herausragen', in → *herauf-, herausspitzeln*. – **3)** ‚sich durch Abstoßen mit den Spitzen der Schlittschuhe voranbewegen' WITZ 58. – **4)** ‚heimlich auskundschaften' SCHMIDER KK 91; vgl. *spionieren.* – Els. 2, 554; Fischer 5, 1562; Pfälz. 6, 304; Schweiz. 10, 710; Südhess. 5, 1205.

**Spitz(en)** *šbịds, -i-* ADELSHM, verbr. in ganz Mittel- u. Südbaden (für Nordbaden vgl. → *Spitze f.*); *špits* ESCHB. (WALDSH.); zweisilbig: *šbịdsə, -i-* vereinz. Nord- u. Mittelbaden, OPFGN, AU (FREIB.); Pl.: *-ə* WEHR; Pl. wie Sg. ESCHB. (WALDSH.). – m.: **1)** dass. wie → *Spitze 1a.* **a)** in allg. Bed. MANGOLD 52, NOTH 359, BOTTGN/SCHULZE 84. 88, W. ROTHMUND 9, KRAMER GUTMADGN 280, FUCHS 45, RÜSSWIHL/MEIN HEIMATL. 1937, 210; in zweisilbiger Form: *dr šbịdsə* EBERB. GESCHICHTSBL. 26, ähnl. LENZ WB. 67a, T. RAUPP 93, O. SEXAUER 94, KAPPELWI., RAPP./ZfDMU. 2, 246; *səļ šdǘgļi laufd ịn šbịds* KRÜCKELS 79f. – **b)** in bes. Bed., im Einzelnen: α) ‚Baumwipfel, Gipfel' MENG 205, KILIAN 60; *bis uff dä Schbiddsə gleddarä* FREI SCHBR. 153; vgl. *Dolde 1c, Gipfel 2a, Zipfel.* – β) ‚Kirchturmspitze' C. HAAG 126 (Satz s. → *Seil*). – γ) ‚Bleistiftspitze' ALBRECHT hs.; *mir iš am blei də šbids abroxə* NEUST. – δ) ‚Spitze eines Zapfens' (in der Uhrmacherei); *Zum Schbiz afeile hät mər e so e Holz mit verschidene Löcher drin* O. FWGLER 30; *un feilet bis mer e schöne, runde Schpiz punktum in dr Miti fum Drôt hät* eb. – ε) ‚Spitze einer Stichwaffe', in der Ra. *uff Spitz un Knopf*, für Situationen, die auf zwei entgegengesetzte Arten ausgehen können FORCHHM (KARLSR.), STRUBE WESCH 67, SCHÄUBLE WEHR 138, O.WEIER (RAST.)/ZfDMU. 1916, 288; *'s schdehd uff Schbids un Gnobb* BRÄUTIGAM MACH 116f.; *uf Schbizz un Gnobf schdood äz iser Granggehuus* 2002 FURTWANGEN. – ζ) ‚Spitze eines Angelhakens' STOFFEL 357. – **c)** ‚männl. Geschlechtsteil, Penis': α) beim Menschen ROEDDER VSPR. 531b; meist von Buben gesagt, dann nur im Dim.: *šbįdslį* 1935 Schopfhm, Schluchtern; vgl. *Bubenspitzlein 1.* – β) beim Eber u. → *Barg 1*, bei letzterem im Wachstum zurückgeblieben Königschaffhsn/Ochs-Festschr. 246. – **2)** von Lebewesen mit spitzen Körperteilen. **a)** ‚Vertreter einer Hunderasse mit spitzer Schnauze und spitzen Ohren' Roedder Vspr. 531b, Lenz Wb. 67a, Liébray 277, Frei Schbr. 153, Schäuble Wehr 138, 1894 Baar; *De Spitz het agfange z' belle* Stühlgn/Mein Heimatl. 1939, 298; verächtl. von einer in Mannheim verbr. Promenadenmischung gesagt: *ə mǫnəmvr šbįdsl* 1950 Eberb.; vgl. *Spitzer 4, Spitzhund*. – **b)** im Dim.: ‚kleine Hechte zu einem halben bis dreiviertel Pfund' Reichenau/Ribi 44. – **3)** dass. wie → *Spitze 3*; *šbįds* (m.) Konst./Joos 99. – **4)** übertr. **a)** ‚Schlauberger, durchtriebener Kerl' R. Baumann 85; *aldər šbįds!* 1914 Vörstet., ähnl. Dischinger 184, Kappelwi.; *die elende Spitz* Jung Brägel 94. – **b)** ‚Siebener der Trumpffarbe', zweithöchster Trumpf im Kartenspiel → *Spitzsolo* O.-, U.-münstert.; vgl. *Spadille*. – **c)** ‚leichter Rausch' Roedder Vspr. 531b; *er hat špitz* Siegelau/Zimmerm. hs. 286; *r hōt ə weȷele n šbits* Fuchs 77e; *e Spitz e Stich e Saras / E Chiste, jo denkwoll* Burte Mad. 99; vgl. *Stips*. – **d)** in der Ra.: *das hed khe šbįds* ‚das ist zwecklos, hat keinen Wert' 1935 Lörrach. – **5)** von Flurstücken. **a)** allg. ‚spitz zulaufendes Stück Land, dreieckiges Rebstück oder dreieckiger Acker' Meis. Wb. 178a, Fitterer 241b, Meng 241, Höfflin 228. – **b)** ‚Landspitze, die in einen Fluss hineinragt' (m.!) Heidelbg; vgl. *Neckarspitze*. – **c)** FlN, häufige Bezeichnung von Flurstücken W. Kleiber Kipp. 95; 1341 *ob dem spitz* Wasenwlr sowie weitere Belege aus dem Breisgau Roos 119f.; 1453 *3 j. acker, gen. der spitz* Herdern sowie Belege aus Haslach (Freib.), Lehen, Hofsgrund/Bad. Flurn. I 3, 238; 1341 *in loco dicto im obern boungarten im spitze* Grenzach-Wyhlen/Richter 248; 1570 *holtz Im Spitz auf Leymen* eb. 159; 1462 *ahm Underen Spiz* Singen a. H./W. Schreiber Zw. 314; 1556 *Neusatz am Spitz an Zilen* Öhngn/Hegau-Flurn. 5, 69; 1599 *wisen im Paradeyser Spitz stossen gegen dem dorf vf den Ehegraben* Gottmadgn/eb. 4, 43. 48; 1819 *oben im Dorf im Spitz* E. Schneider Hilz. 176. – **6)** FN, Herkunfts- oder Wohnstättenname, mancherorts südl. Schwarzw./Klausmann FN 117. Kt. 48; im Rufn. für einen alten Jöhlinger mit FN *Spitz: də Spitzanalda* Schwarz 81. – Mhd. *spiz, spitz*. Genus m. mit einsilbiger Form ist bodenständige Mu. im Südteil Badens, mit zweisilbiger Form auch in alterer Mu. Nordbadens. – Weiteres → *abfressen, Riedbrücke, Sense*; vgl. *Angel-, Dolde(n)-, Draht-, Drei-, Trifel-* (unter *trifeln*), *Finger-, Vor-, Früh-, Gans-, Hauben-, Hochlicht-, Kirchen-, Küh-, Lehm-, Linden-, Maul-, Messer-, Metzger-, Nagel-, Zwei-, Zwiebelspitz(en), Bubenspitzlein, Mundspitzle*. – DWb. 10/1, 2568; Els. 2, 553; Fischer 5, 1552; Pfälz. 6, 298; Schweiz. 10, 677; Südhess. 5, 1199; Wolf R. 5462.

**spitzen** *šbįdsə, -i-* Werthm, Hettgn, O.scheffl., Mannhm, Handschs., Sandhsn, Rapp., Mörsch, O.-weier (Rast.), Legelsh., Kappelwi.; *šbedsə* Auenhm, Kork, Eckartsw., Honau, Kippenheimwlr, Jechtgn, Grisshm, Istein; Part.: *gšbįtsd, -i-, -e-* verbr. in ganz Baden. – schw. **1)** ‚etw. in eine spitze Form bringen' Roedder Vspr. 532a, Lenz Wb. 67a, Meis. Wb. 178a, O.-weier (Rast.)/ZfdMu. 1916, 288, von einem Bleistift, Reb- oder Baumpfahl Schwendemann Ort. 3, 41; *des Ble-i-wiis* (= Bleistift) *muaß gschbitzt wäre* Meier Wb. 36; *Mir sage unserm Zunftkriwent: / Jetz, Alder, spitz deiñ Feder* Nadler 163; Fischerspr.: *gšnidə, gšbįtsd und vōrgəbįgəld* (provisorisch gebogen) wird das Holz für die Bügel einer → *Reuse 1* Greffern/Fluck 304; *de Schnorres spitze* ‚den Schnurrbart an den Enden spitz zwirbeln' Lehr Kurpf.[2] 143; *s Maul spitze* eb.; Kinderversch: *Uf de Heh / wächst de Klee / Fuuder fer mei Geilche / wann mei Mudder Kaffee kocht / spitzt de Vadder's Mailche* eb.; Sprichwort: *Was e Doorn werde will, schbitscht schi* (sich) *be Zeit* 1895 Rosenbg/Umfr. 4; Vogelruf: *Spitz de Pflug* ruft die Meise dem Bauern im Frühjahr zu C. Krieger Kraich. 115. – **2) a)** übertr.: ‚genau aufpassen, alle Sinne auf etw. richten' 1994 Mannhm; *d Ohre spitze* Lehr Kurpf.[2] 143, ähnl. Roedder Vspr. 532a, Fitterer 242, Burkart 224, Jung Brägel 108; *un wo d'r Hansili z'letzscht gar sini neddi Sprüchle vum Liesli herg'schlage het, do hen alli beidi d'Ohre g'spitzt un g'hörig Scholle g'lacht* Ganther Stechp. 142; Kommentar, Tadel für einen Neugierigen: *Wunderfitz hett d Nāse gspitzt* Schäuble Wehr 15 u. ö.; hierzu auch: *gšbidst sein* ‚überspannt sein' Roedder Vspr. 532a, als Wortspiel mit Bed. 1a: *dęr iš owə gšbįdst wi ə bāmšdigl unš* eb. – **b)** ‚sich erhoffen, auf etw. warten, erpicht sein' Platz 304; 1713 *ich spitze mich* ‚bin erpicht auf' Elis. Charlotte/Lefevre 127; *er hat auf die Bertha gspitzt* ‚er macht sich Hoffnungen, Bertha zu heiraten' Baden-B. – Mhd. *spitzen* ‚spitz machen, zuspitzen'. – Weiteres → *Pflug, A loschoren, Ohr, Rebstecken, rumpeln 1b, schnarcheln 1a, Sidian 1, Stegentrappe*; vgl. *ab-, Auf-, aus-, hinan-, hinein-, nach-, zuspitzen*; vgl. *gipfen 2, schnauzen 3b*. – DWb. 10/1, 2598; Els. 2, 554; Fischer 5, 1556; Pfälz. 6, 305; Schweiz. 10, 699; Südhess. 5, 1205.

**Spitzen-bach** *šbįdsəbax* Freiamt. – m.: **1)** Name eines Baches, der bei Niederwinden von rechts in die Elz mündet; amtl. *Spitzenbach*, Topogr. Kt. 1:25000. – **2)** ON, Ort im Elztal, mit den Ortsteilen → *Ober-* und → *Unterspitzenbach*; 1215 *Spicenbach* Krieger 2, 1033; 1362 *ze Spitzenbach in Elzatal* eb.; *įns šbįdsəbax hįndəri* Freiamt/SSA-Aufn. 2/3; Necknamen → *Besenpfriemer, Fohrenpuppele, Lehmtätscher*. – Weiteres → *scheißen 1a*.

**Spitzen-berg** m.: ON, Zinken in Lautenb. (Rench); 1595 *Spitzenberg* Krieger 2, 1033; 1645 *auf dem Spitzenberg Oppenawer gerichtsstabs und Oberkürcher herrschaft* eb.

**Spitzen-buckel** m.: FlN, Erhebung im Kraichgau; 1794 *am spitze (buggel)* Rinklgn/Bad. Flurn. I 5, 34. – Benennung nach der Form des Hügels; zum Grundw. vgl. → *I Buckel 2b*.

**Spitzen-decke** *šbįdsədegi* Freiamt; Dim.: *-degli* eb.; „*Schbitzvdeckili*" Reute (Emm.). – f.: ‚gehäkelte oder mit → *Spitze 3* besetzte → *Decke 2*' eb., meist im Dim. – DWb. 10/1, 2609.

**spitzen-fracktisch** „*schbitzəfraggdisch*" Jöhlgn. – Adj.: ‚geschliffen, flott, burschikos' Schwarz 78. – Zu → *Spitzfrack*.

**Spitzen-fritz** „*Schbiddsäfridds*" Schwetzgn. – m.: gutmütiges Schimpfw. für einen durchtriebenen Menschen Frei Schbr. 153.

**Spitz(en)-kappe** *šbįdsəkabə* Schönbg (Offb.). – f.: ‚zur Tracht gehörende Haube aus Spitzenstoff', 1932 nur von verheirateten Frauen getragen eb.; Dim.: *Spitzkäppchen*, wurde nur an gewöhnlichen Sonntagen getragen, im Ggs. zur → *Krauselhaube*, die den höchsten Festen vorbehalten war 1894 Berolzhm/Umfr. – Els. 1, 455; Fischer 5, 1558; Pfälz. 6, 306; Schweiz. 3, 396.

**Spitzen-küchle** n.: ‚eine in Fett gebackene, krapfenartige Mehlspeise', wird neben → *Schopenküchle* und → *Schnitte 2* bei der Kirchweih zum Nachtisch gereicht Langenb. (Vill.). – Bestimmungsw. wohl zur Form des Gebäcks.

**Spitz(en)-matte** *šbídsmad* STEINACH, VÖRSTET., HOLZHSN (EMM.). – f.: FlN, Name für versch. Wiesen; 1341 *Spizzematte* VÖRSTET./ROOS 120; 1478 *vor dem Predigertor, Spitzmettlin, am Mistbach, den Spitalgütern* FREIB./BAD. FLURN. I 3, 238; 1518 *mettlj genannt das spitzen mettlj lit an der burger mettlen* HORNBG (SCHWWALDB.)/eb. III 5, 64; 1824 *die Spitzmatte* STEINACH/eb. III 3, 97; 1761 *Spitzmatt* W. KLEIBER KIPP. 95; 1859 *die s.g. Spitzmatte, beiderseits der Kanal* MÜLLHM/W. FISCHER 201; *uf də Schbįzmad* SCHWENDEMANN ORT. 1, 175. – Benennung nach der Form. – Vgl. *Spitzwiese.*

**Spitzen-stein** m.: FlN, markanter Fels, jetzt (1944) *Felsenfräulein* genannt HORNBG (SCHWWALDB.); 1442 *Spitzen Stein* BAD. FLURN. III 5, 64; 1835 *Ackerfeld beim Spitzenstein* eb.; 1932 *Spitziger Stein* eb.

**Spitzen-stoff** *šbįdsəšdof* LÖRRACH. – m.: ,aus dekorativen Elementen bestehendes, durchbrochenes Textilgewebe', „Sprache der Schneiderinnen" 1937 eb.

**Spitzen-tee** m.: ,Teezubereitung aus Blättern des Sadebaums, Summitates sabinae' ARCH. PHARM. 1922, 168, FREIB./ZIMMERM. HS. 137; als *Spitzetee* in der Apotheke verlangt ZIMMERM. VHK. 57. – Vgl. *Tannenspitzen, Fichtentannschößletee, Seve 1b, Sevenbaumtee.*

**Spitzen-wadel** m.: FlN ARLEN; 1825 *unter der Birkenreute oder Spitzenwadel* HEGAU-FLURN. 2, 71. – Benennung nach der Form. – Zu → *Wadel* ,Schwanz'.

**Spitzen-wegerich, -wetterich** → *Spitzwegerich, -wetterich.*

**Spitzen-wein** *špidsewī* HUB. – m.: ,Wein aus der Spätlese' 1935 eb. – Entl. aus der Standardspr. – Pfälz. 6, 307; Südhess. 5, 1208.

**Spitzen-winkel** m.: FlN, *im schbitsəwinkəl* ARLEN/HEGAU-FLURN. 2, 71; 1704 *ackher an Spizen winkhel* eb.; 1825 *im Spitzenwinkel* eb. – Benennung nach der Form.

**Spitzer** *šbįdsər* O.SCHEFFL.; *šbįdsv* HANDSCH., RAPP., MÖRSCH; *šbįtsvr* O.WEIER (RAST.); *šbedsr* ALTENHM; Dim.: *-lə* O.SCHEFFL., RAPP. – m.: **1) a)** ,Person, die Weinbergpfähle anspitzt'; 1330 *so sol man ainem grůbenraiter, und ainem grůobenertwerver, und ainem spizzer ... funf phenning ze tagelon geben* ÜBERL. STADTR. 18. – **b)** ,Gerät zum Anspitzen von Blei- und Buntstiften' FREIAMT; *(Griffel-)spitzer* KIRNER 246. – **2)** ,männl. Geschlechtsteil, Penis' ROEDDER VSPR. 532a; vgl. *Spitz(en) 1c.* – **3)** ,zurechtweisender oder warnender Tritt mit der Fußspitze' 1945 FREIB., BREISACH; *v Schbitzr in Arsch* REUTE (EMM.). – **4)** ,Vertreter einer Hunderasse mit spitzer Schnauze und spitzen Ohren', meist neben *Spitz* (→ *Spitz(en) 2a*) gebraucht ROEDDER VSPR. 532a, LENZ WB. 67a, MEIS. WB. 177b, ALBRECHT HS., O.WEIER (RAST.)/ZFDMU. 1916, 288. – **5) a)** ,durchtriebener Kerl'; *dr Hans isch doch v eländv Schbitzr* REUTE (EMM.); vgl. *Spitz(en) 4a.* – **b)** ,höchster Trumpf, ein Siebener, im Kartenspiel *Frägle* (→ *Frage*)' 1950 Nordbaden; vgl. *Spitz(en) 4b.* – **6)** ,dreieckiger Acker' ALTENHM/FOHRER 169. – Vgl. *Drei-, Gäns-, Grund-, Gufen-, Kohlen-, Stangen-, Stecken-, Zigarrenspitzer.* – DWb. 10/1, 2615; Els. 2, 554b; Fischer 5, 1559; Pfälz. 6, 307; Schweiz. 10, 706; Südhess. 5, 1208.

**Spitzete** in → *Griffelspitzete.*

**Spitz-felsen** m.: **1)** FlN, Name für versch. markante Felsen; 1738 *von der blatten auf den spitzfelsen, vom spitzigen Fels bis in den Kollerhau* FREIB./BAD. FLURN. I 3, 238; Fels zw. HAUSACH und WOLFACH. – **2)** Hofn. LIERB./KRIEGER 2, 1034.

**spitz-findig** „*schbitzfinnisch*" SANDHSN; *šbįdsfindig* APPENW., MÜNCHW., TRIBG, LÖRRACH. – Adj.: **1)** ,schlau, durchtrieben' LEHR KURPF.[2] 143, 1996 MÜNCHW., BECK 176. – **2)** ,pedantisch, verbohrt, händelsüchtig' LEHR KURPF.[2] 143, G. MAIER 140, FLEIG 120; *schbįzfindig mache* ,sich widerwärtig verhalten' eb. – Vgl. *raffiniert, schlitzohrig.* – DWb. 10/1, 2616; Els. 1, 119; Fischer 5, 1559 (*spitzfündig*); Pfälz. 6, 307; Südhess. 5, 1208.

**Spitz-frack** m.: **1)** ,Gehrock mit spitzen Schößen, Cutaway' ROEDDER VSPR. 532, 1923 ETTHMWLR, GANTHER STECHP. 161. – **2)** dass. wie → *Spitzveck,* wohl scherzh. Bezeichnung ROEDDER VSPR. 532. – Weiteres und Syn. unter → *Frack 1.* – Pfälz. 6, 307; Südhess. 5, 1209.

**Spitz-front** f.: ,angebauter Gebäudeteil', dass. wie → *Frontispiz* (dort Weiteres) 1895 ALBRECHT HS.

**Spitz-garten** m.: **1)** Hausn. ÜBERLGN A. B./KRIEGER 2, 1034. – **2)** im Dim.: FlN, Gartenkomplex KIPPENHM; 1687 *Bey dem spitzgärtle* W. KLEIBER KIPP. 95; *šbįtsgärdlį* eb. Urspr. Benennung nach der Form, die jedoch schon 1957 nicht mehr erkennbar war.

**Spitz-gasse** *šbįdsgasə* um MÜLLHM; *-gαs* FELDBG, O.EGGENEN, TANNENK. – f.: ,dreieckiges Rebstück, bei dem nicht alle Zeilen parallel laufen' KRÜCKELS 79f. – Vgl. *Krapfen 3, Spickel 2, Spitz(en) 5a, Spitzzeilete.*

**spitzgassen-weise** *šbįdsgasəwīs* TANNENK. – Adv.: ,nicht parallel verlaufend', von Rebzeilen gesagt KRÜCKELS 79.

R **Spitz-gib** Genus?: ,Hafer' PFULLEND./KLUGE R. 340. – Zum Grundw. vgl. → *Gib.* – Fischer 5, 1560.

**Spitz-gras** *šbįdsgrās, špits-, -grǭs* so u. ä., s. → *spitz* u. → *Gras,* verbr. in ganz Baden. – n.: **1)** ,nicht näher bestimmtes Gras, das beim Barfußlaufen unangenehm ist' DISCHINGER 184; Ra.: *des isch mer wie Spitzgras* ,sehr unangenehm' KARLSR., PFORZHM/ZFDMU. 1917, 161, ähnl. ÖSTRGN; *Des is mer Schbidsgras* ,passt mir nicht, verdrießt mich' BRÄUTIGAM MACH 116f. – **2)** PflN, ,Quecke, Agriopyrum repens' südl. Schwarzw. zw. Kinzigtal und Hochrhein (soweit die Pflanze vorkommt, da tw. wenig Ackerbau), Baar (s. Kt. → *Quecke,* Bd 4, 160), KREUTZ 96, RÜ. HOFFMANN 97, ALEM. 43, 148, BLUMBG, BLUMEGG, ACHD./MITTEIL. 1913, 300. 1915, 369; auf die langen, kriechenden Wurzeln anspielend: *Wemər vornə a də Spitzgrasfori* (Queckenfurche) *zieht, wädlət s hinnə* ,wenn man vorne zieht, macht es sich hinten bemerkbar' KRAMER GUTMADGN 280. – **3)** PflN, ,Wegerichgewächse'; ,Plantago lanceolata' BLUMEGG, WOLLB./ALEM. 43, 148; ,Plantago maior' Kandertal/MITTEIL. 1915, 389. – **4)** PflN, ,einjähriges Rispengras, Poa annua' REUTE (EMM.). – Syn. zu Bed. 2 s. u. → *1 Quecke.* – DWb. 10/1, 2624; Fischer 5, 1560; Pfälz. 6, 307; Schweiz. 2, 797.

**Spitzgras-wurzel** *špitskrāswųtsv* LEIBERTGN; *-krəswųrtsə* O.WIHL; „*Spitzgraswurzle*" HORNBG (SÄCK.), N.GEBISB. – f.: PflN, ,Quecke, Agriopyrum repens' RÜ. HOFFMANN/Material, SSA-AUFN. 98/6. – S. a. Kt. → *Quecke* (Bd 4, 160).

**Spitz-gucke, -guckel** *šbįdsgug* MUGGENSTURM; *-gugələ* WALDAU. – f.: ,dreieckige, konisch geformte Papiertüte' eb./SSA-AUFN. 462/1. – Zum Grundw. vgl. → *Gucke, III Guckel.* – Vgl. *Spitztüte.*

**Spitz-hacke** *šbįdshagə* BOTTGN, NEUENBURG A. RH.; *špitshakə* BONND. (ÜBERLGN). – f.: ,Werkzeug mit Holzstiel u. spitz zulaufendem, eisernen Blatt/Kopf für Arbeiten in steinigem Boden, Pickel' eb./SSA-AUFN. 170/4. – Vgl. *Bickel 1, Krampel 1a.* – DWb. 10/1, 2624; Pfälz. 6, 307; Südhess. 5, 1209.

**Spitz-hammer** *šbedshåmr* ALTENHM; *šbįdshamr* REUTE (EMM.). – m.: **1)** ‚Werkzeug mit spitzem Eisenteil zur Bearbeitung von Steinen' FOHRER 197; *ę eisərnə šbįdshamr* 1970 REUTE (EMM.). – **2)** Hausname in Freiburg, hieß ursprünglich *zum Besetzhamer* 1565 FREIB. GESCHICHTL. ORTSBESCHR. 2, 260; vgl. *Besetzer.* – Vgl. *Bickel 2.* – DWb. 10/1, 2625; Pfälz. 6, 308; Südhess. 5, 1209.

**Spitz-hederich** *špids(ə)hedəriχ* O.ACHERN; „*Spitzhäderich*" EBRGN (FREIB.), EFRGN-KIRCHEN. – m.: PflN, dass. wie → *Spitzwegerich 1* ALEM. 43, 148; ARCH. PHARM. 1922, 157.

**Spitz-hengst** *šbedshaŋšt* ALTENHM. – m.: ‚einhodiges männl. Pferd' FOHRER 163. – Vgl. *Keiber.* – DWb. 10/1, 2625; Fischer 5, 1560; Pfälz. 6, 308; Südhess. 5, 1209.

**Spitz-hund** m.: ‚Vertreter der Hunderasse Spitz'; *Wann unser Cummission nit ventre à terre / Vor dem seim Schpitzhund ausgerisse wär* NADLER 61; *... weckte der heranfahrende Postwagen sein Spitzhündlein zum Bellen, und das Spitzhündlein weckte ihn ...* HEBEL IV, 92f. – Vgl. *Spitz(en) 2a.*

**spitzig** *šbįdsi* O.SCHEFFL., HETTGN, ALTENHM; *šbįdsiχ, -t-* HEIDELBG, HANDSCH., RAPP., um PFORZHM, FLEHGN, JÖHLGN; *šbįdsiš* um SCHWETZGN; *šbedsi* HONAU, AUENHM, ALTENHM; *šbedsik* KIPPENHEIMWLR; *šbįdsig, -t-* MÖRSCH, APPENW., MÜNCHW., SCHUTTERWALD, HOFW., REUTE (EMM.), TRIBG, HOFSTET., GUTMADGN, MÖHRGN, KONST. – Adj.: **1)** ‚schmal u. dünn zulaufend u. in einem Punkt (einer → *Spitze 1a*) endend' LENZ WB. 67a, LIÉBRAY 277, MEIS. WB. 178a, G. MAIER 140, MENG 78. 267, BAYER 65, METRICH 17, FLEIG 120, SCHWENDEMANN ORT. 2, 48, KRAMER GUTMADGN 280, JOOS 99, HEIDELBG/BAD. HEIM. 1912, 86; *s mesər, dər blaišdift iš šbidsi* ROEDDER VSPR. 532a; *s Blei isch nid schbizig* BRAUNSTEIN RAA. 29; Ra.: *baß uff die had schbitziche Gnie* SCHWARZ 77; Sprichw.: *dsu schbiddsisch schdischd nädd* ‚Übertreibung schadet' FREI SCHBR. 153, ähnl. 1894 ROSENBG/UMFR. (s. u. → *scharf 1*). – **2)** übertr. **a)** ‚ironisch, kritisch'; *schwętz ned so schbitzich* SCHWARZ 77; *Seiñ Fraa .. weeß vun nix / Un sächt ganz schpitzig ...* NADLER 96; *wenn myni Schüeler / mehr verstöhn as ich un froge mi spitzigi Sache ...* HEBEL 54, 32; vgl. *spitzfindig 2.* – **b)** ‚scharfsinnig, gut hörend', wohl in Anspielung auf → *spitzen 2a*; *Die hädde so schpitziche Ohre?* BRETL 43. – **3)** Adv.: ‚beinahe, knapp' HOFSTET., z. B. beim Einschenken knapp bemessen MÖHRGN; *des šdǫd gonds šbįdsig* ‚das steht an der Kante' 2023 FREIAMT. – Mhd. *spitzec, spitzic.* – Weiteres → *Grind 2b, Heiligkeit, Krankheit, kugelrund, Leder 2b, Nase 1a, Schnabel 2a, Spinnenfinger,* vgl. *gespitzig,* vgl. *spitz.* – DWb. 10/1, 2627; Els. 2, 554; Fischer 5, 1560; Pfälz. 6, 308; Schweiz. 10, 707; Südhess. 5, 1209.

**Spitz-jauchert** *šbįdsjūχərd* MENGEN. – f.: FlN, Bez. für versch. Flurstücke, wohl spitz zulaufend; 1450 *die spitz juchart* BUCHHM (FREIB.)/ROOS 119f., ähnl. 1490 MENGEN/eb., 1341 TENINGEN/eb.; 1502 *acker gen. die Spitz Juchart, stost uff die kintzgen* LEHEN/BAD. FLURN. I 3, 238. – Zum Grundw. vgl. → *Jauchert.*

**Spitz-kaffer** *šbįdskafər* KIRCHHFN. – m.: ‚ungehobelter Mensch' 1936 eb. – Zur Etym. des Grundw. s. → *Kaffer.* – Vgl. *Sauspitzkaffer,* vgl. *Holop, Knätschgi, Knoll(en)fink 1.* – Südhess. 5, 1210.

**Spitz-käppchen** → *Spitzenkappe.*

**Spitz-keil** *šbedsᵇeil* ALTENHM. – m.: ‚konisch/spitz zulaufendes Werkzeug zum Spalten' FOHRER 197. – Vgl. *Spaltkeil.*

**Spitz-kick** m.: ‚Tritt auf den Fußball mit der Spitze des Fußes'; *ər het ə šbitskick gmacht* 1929 FREIB.

**Spitz-klee** *šbeds-, šbįdsglē* ALTENHM. – m., (in einem fr. Bel. n.): PflN, ‚Luzerne, Medicago sativa' FOHRER 180. – H. Marzell Wb. 3, 91.

**Spitz-klicker** m.: ‚raffinierter, schlitzohriger Mensch, der gern mit anderen Schabernack treibt' LEHR KURPF.² 143, H. SCHMITT² 119. – Vgl. *Schlitzohr, Spitzbube 1b.* – Pfälz. 6, 309; Südhess. 5, 1210.

**Spitz-kolben** *šbedskolwə* RHEINBISCH. – m.: ‚dreieckiger Acker' eb. – Vgl. *Spitzacker.* – DWb. 10/1, 2637; Schweiz. 3, 228 (jew. andere Bed.).

**Spitz-kopf** *šbįdsghobf* WASENWLR. – m.: **1)** pars pro toto: ‚Mensch mit ovalem, länglichem Kopf' 1929 FREIB. – **2)** ‚missglückter → *Bogen 2* am Rebstock, der idealerweise rund geformt ist' HÖFFLIN 228. – **3)** FlN, Gewann in WARTENBG; 1755 *an dem Bronnen bett bey dem sogenannten Spitz Kopf* BAD. FLURN. I 4, 29; hierzu auch die FlN *Spitzkopfacker, -brunnen* eb. – Vgl. *Schneidstuhlkopf 2a.* – DWb. 10/1, 2637; Els. 1, 461 (*-kopp*); Fischer 5, 1562; Pfälz. 6, 309; Schweiz. 3, 416; Südhess. 5, 1210.

**spitz-kriegen** *šbįdsgrigə* MANNHM; *-kriəjə* SANDHSN; *-griəjə* SCHRIESHM; *-grīję* um SCHWETZGN. – schw.: ‚einer Sache auf die Spur kommen, dahinterkommen' FREI SCHBR. 153, LEHR KURPF.² 143; *ebəs šbįdsgrigə* 1998 MANNHM, ähnl. DISCHINGER 184, LITTERER 319; *Des hawwisch doch glei schbidsgriggd, do schdimmd was nid!* BRÄUTIGAM So² 130, ähnl. HERWIG-SCHUHMANN 118. – Wohl Entl. aus der nhd. Ugspr. – Vgl. *ausmachen 2, befinden, verfahren 5, spitzen 2.* – DWb. 10/1, 2562 (unter *spitz*); Pfälz. 6, 309.

**Spitz-kühler** „*Schbidskiehler*" MANNHM. – m.: ‚dicker, wohlgenährter Bauch' BRÄUTIGAM So 115. – Entl. aus der nhd. Ugspr. – Syn. s. u. → *Ranzen 2a.*

**Spitz-kummet** „*schbidskummad*" HOCHSTET. (LINK.). – n.: ‚oben spitz zulaufendes Halsgeschirr für Arbeitspferde' WAGNER 186; ohne Holzeinfassung (→ *Kummetscheit*) 1934 KIRCHHFN; für leichtere Arbeiten mit dem Pferd verwendet (vgl. → *Kummet 1*) E. H. MEYER 397. – Fischer 5, 1562; Pfälz. 6, 309; Südhess. 5, 1211.

**Spitzle** → *Spitz(en) 1α. 2b.*

**Spitzler** ‚Ohrwurm' → *Ohrenspitzler.*

**Spitzling** m.: **1)** wohl ‚spitzer Stein' MEERSBURG; *gescht bine über'n Spitzling gstockelet* eb./Gemeindeblatt v. 20.11.1932 (ohne Erklärung); vgl. *stockeln.* – R **2)** ‚Nudel' PFULLEND./KLUGE R. 343. – DWb. 10/1, 2640; Fischer 5, 1562; Schweiz. 10, 713.

† **Spitz-maß** n.: ‚ein nicht näher bestimmtes Hohlmaß' 1763 E. SCHNEIDER DURL.

**Spitz-maus** *šbedsmūs* AUENHM; *šbįds-* REUTE (EMM.); *-mūs* KONST.; Dim.: *-mīsli* REUTE (EMM.). – f.: **1)** Tiern. ‚eine Mausart mit länglich zugespitzter Schnauze, Soricidae' MENG 220, REUTE (EMM.); Ra. unter → *Ohr 1*; Vers unter → *Nikolaus 1.* – **2)** ‚Mädchen mit spitzem Gesicht' REUTE (EMM.). – Vgl. *Gumper 3a.* – DWb. 10/1, 2641; Els. 1, 725; Fischer 5, 1562; Pfälz. 6, 309; Südhess. 5, 1211.

**Spitz-meier** m.: FlN, nach dem urspr. Besitzer ben. Ackerland ÖHNGN; 1556 *wis ... was vor Spitzmayers* HEGAU-FLURN. 5, 69.

**Spitz-meißel** m.: ‚zugespitztes Werkzeug aus Stahl'; *uf dr owere Schtapfle sin d Schtächer, d Riwerle, ën Schpizmaisel, ën Braitmaisel, d Kolmë un d Schtrubezier* O. FWGLR 35. – Ggs. → *Breitmeißel.* – DWb. 10/1, 2642; Südhess. 5, 1211.

**Spitz-messer** *špitsmeasər, -mę̈sər* so u. ähnl. mancherorts östl. Hegau, verbr. Bodanrück, Linzgau. – n.: ‚Haumesser (mit gekrümmter Schneide)', zum Reisigmachen SSA-AUFN. 182/2, ZINSMEISTER 12; zum Anspitzen von Pfählen wie Bohnen-, Rebstecken REICHENAU/WKW 50, 1930 RADOLFZ.; zum Hacken von Runkelrüben eb.; 1536 *mit dem spitzmesser usgeschlagen* MEERSBURG (Weinbergordnung)/ZGO 3, 276. – Vgl. *Reismesser, I Schnäker.* – DWb. 10/1, 2642; Pfälz. 6, 310; Schweiz. 4, 464; SSA IV/6.04; Südhess. 5, 1211.

**Spitz-michel** m.: Scherzw., ‚fiktive Person, nach der man Leichtgläubige ausschickt'; *Schbitzmichel fange* 1935 DURB. – Vgl. *Owiedumm.*

**Spitz-mühle** f.: FlN U.ENTERSB., ehem. Standort einer → *Mühle 1*; 1. Hälfte 16. Jh. *mulle am Yssensprung, heist die Spitzmule* KRIEGER 2, 1034.

**Spitznagel-hof** m.: Hofn. SALEM/KRIEGER 2, 1034.

**Spitz-name** *šbi̯dsnāmə* RIPPENW., ST. LEON; *šbi̯tsnǭmə* BECKSTEIN; *šbi̯tsnǫmə* O.WEIER (RAST.); *šbi̯dsnamə* SCHUTTERWALD, REUTE (EMM.). – m.: ‚Beiname mit scherzhaftem oder spöttischem Bedeutungsaspekt' LEHR KURPF.[2] 143, O.WEIER (RAST.)/ZFDMU. 1916, 261. 288; *jēdəs ǫrt hat sain šbi̯tsnǭmə* BECKSTEIN. – Vgl. *Schimpf-, Sonntag(s)-, Spottname.* – DWb. 10/1, 2643; Fischer 5, 1563; Pfälz. 6, 310; Südhess. 5, 1211.

**spitz-näsig** *šbi̯dsnę̄siš* SANDHSN. – Adj.: ‚neugierig' LEHR KURPF.[2] 143. – Vgl. *naseweis(ig), -witzig.* – DWb. 10/1, 2644; Fischer 5, 1563 (*unter Spitznase*); Pfälz. 6, 310; Südhess. 5, 1211.

**Spitz-nudel** *šbi̯dsnūdlə* GREMMELSB., SCHONACH. – f.: dass. wie → *Schupfnudel* FLEIG 124, als Mittagsgericht 1895 N.WASSER. – Vgl. *Bubenspitzlein 2.*

**Spitz-pappel** *šbedsbâbl, šbi̯dsbabəl* ALTENHM. – f.: PflN ‚Italienische Pappel, Pyramidenpappel, Populus pyramidalis' FOHRER 141. – Südhess. 5, 1211.

**Spitz-pflug** *šbi̯tsbflu̯ək* LANGENO. – m.: **1)** ‚Pflug mit dreieckiger, spitz zulaufender Pflugschar', zum Schneeräumen verwendet 1971 eb.; vgl. *Schneepflug.* – **2)** FlN FREIB/BAD. FLURN. I 3, 239. – Pfälz. 6, 310; Schweiz. 5, 1246; Südhess. 5, 1211.

**Spitz-quette** *šbi̯dsgwed* SCHWETZGN. – f.: ‚schmächtiger, durchtriebener Mensch', Schimpfw. FREI SCHBR. 153. – Zum Grundw. vgl. → *Quette.*

**Spitz-röteln** m./Pl.?: PflN ‚eine Apfelsorte'; *Spitzrötla* RIEDERN A. W./MITTEIL. 1915, 378. – Vgl. *Röteln 2.*

**Spitz-solo** m.: ‚ein Kartenspiel, gespielt mit 66er-Karten', das billigste Spiel hierbei heißt *Frägli* (unter *Frage*), das teuerste → *Herzsolo*, andere Spielmöglichkeiten sind *einfacher* → *Solo 2b*, → *Bettel 3* u. → *Herrenbrand* Sonntagsbeilage des Alemannen, „Alemannisch' Heimet" vom 13. Febr. 1938/O.-, U.MÜNSTERT.; Dim.: *Spitzsölele* OCHS-FESTSCHR. 300. – Weiteres → *Vorschuh, Spadille, Spitz(en) 4b.*

**Spitz-stern** m.: ‚weißer, rauten-/sternförmiger Fleck auf dem Pferdekopf, der sich zur Nase hin zuspitzt', angeborenes Kopf-Abzeichen 1869 BUCHEN.

**Spitz-tüte** *šbi̯dsdudə* EBERB., HEIDELBG. – f.: dass wie → *Spitzgucke*, für Süßigkeiten 1951 EBERB., HEIDELBG/BAD. HEIM. 1917, 85. – Zum Grundw. vgl. → *Tute 2a.* – DWb. 10/1, 2649.

R **Spitz-vogel** m.: Tiern. ‚Biene' PFULLEND./KLUGE R. 338. – Vgl. *Beder.* – Fischer 5, 1563; Wolf R. 5473.

**Spitz-wald** *šbi̯dswald* STEINACH. – m.: **1)** FlN, Waldstück, das spitz zuläuft eb.; 1835 *Buchwald im Spitzwald* BAD. FLURN. III 3, 97. – **2)** ON, Zinken O.BRÄND/KRIEGER 2, 1034.

**Spitz-weck** *šbi̯dsweg, -i̯-* mancherorts Kurpfalz, O.-SCHEFFL., Bruhrain, BAUSCHLOTT; Pl.: *šbi̯dswekə* BRÄUNLGN; Dim.: *šbi̯dsweglə* O.SCHEFFL. – m.: ‚kleines Weißbrot/Brötchen, das an beiden Enden spitz/konisch zuläuft' FREI SCHBR. 154, 1894 ALLEMÜHL/UMFR., FEHRLE 84, ROEDDER VSPR. 532, BRUHR. 157, ZELL A. H., „Weißmehlgebäck aus Hefenteig" BADEN-B./ORTEN 1910, 175. – Weiteres → *Dicksack, Moosbrunn*; vgl. *Spitzfrack 2.* – DWb. 10/1, 2649; Fischer 5, 1563; Pfälz. 6, 311; Südhess. 5, 1212.

**Spitz-weg** *šbi̯dswę̄g* VÖRSTET. – m.: FlN eb.; 1450 *uff den spitzen weg* ROOS 120.

**Spitz-wegerich, -wetterich** *šbi̯dswę̄gəriš* OFTERSHM; -*wǟgerix* MÜNCHW., REUTE (EMM.) (neben *šbi̯dsv-*); -*wegərix* FREIB., -*i̯* MÖHRGN; *špi̯tsəwàgerix* BURKHM; -*wę̄gerli, -ix* (neben -*wę̄gerli*) „Oberland"; -*wegerli* (neben -*wertrig*) O.KIRCH; *šbi̯dswędrli* EISENT.; „*Spitze Wägeli*" URLOFFEN; *šbi̯tsəwędvrik* O.WEIER (RAST.); -*wå̌derig* RINGSHM; -*wędəri* OTTERSD., OTTERSW., ACHERN, BÜHL (RAST.); -*wadri* MOOS (BÜHL); -*węd(ə)rli* HALBERSTUNG, KAPPELWI., NEUSATZ, EISENT. (neben -*wåderli*); -*węd(ə)rix* Bruhrain, RETTIGHM., ROHRB. (EPP.), PFORZHM, KENZGN; *šbi̯ds(ə)wędvrix* JÖHLGN, neben -*wę́lvrix* HANDSCH.; -*wådrix* BAMLACH; -*welərix* O.SCHEFFL.; „spitzer wedderich" NUSSLOCH, WIESLOCH; *šbidswed(ə)rix* MENZGN, MALTERDGN; *špi̯tsəfédri* GLASHÜTTE (BÜHL); „-*fädrich*" SIEGELAU; *šbedsvāirlə* ALTENHM; *šbedsəvāirli* AUENHM; -*wǟi̯ərli* RHEINBISCH. – m.: PflN. **1)** ‚Wegerichgewächs mit schmalen, spitz zulaufenden Blättern, Plantago lanceolata' ROEDDER VSPR. 532a, LENZ WB. 76b, BRUHR. 157, SCHWARZ 77, BURKART 246, SCHWENDEMANN ORT. 1, 163, KIRNER 226, WEIK 49, ZIMMERM. HS. 286, MITTEIL. 1915, 389. 1933, 308, SIEGELAU/ALEM. 25, 61, O.KIRCH/eb. 43, 148, BÜHL (RAST.)/ZFDMU. 1913, 324, OTTERSW./eb., KENZGN/eb., OTTERSD./eb. 1914, 345; „Unkraut" BURKHM; „Heilpflanze" HUBER HS. 26; „der Saft gilt als Heilmittel bei Verwundungen" O.WEIER (RAST.)/ZFDMU. 1916, 288; oft mit Zusatz -*tē* als Arzneipflanze (herba plantaginis) verwendet ARCH. PHARM. 1922, 157. – **2)** ‚Mittlerer Wegerich, Plantago media', „gegen Husten" MÜNCHW./MITTEIL. 1944, 411. – Vgl. *Marienbrot, Sauohr 2a, Spitzhederich, Wegerich.* – DWb. 10/1, 2649; Els. 2, 804 (*Spitzwegerle*); Fischer 5, 1558; H. Marzell Wb. 3, 805; Pfälz. 6, 311. Kt. 358; Schweiz. 15, 954; Südhess. 5, 1212.

**Spitzwegerich-saft** *šbi̯dswę̄gərixsafd* mancherorts Breisgau. – m.: ‚Sirup aus → *Spitzwegerich 1*, Sirup plantaginis' ZIMMERM. HS. 286, gegen Husten eingesetzt ARCH. PHARM. 1922, 166.

**Spitz-wiese** *šbi̯dswis* HANDSCH., EBRGN (ENGEN), BIETGN (KONST.); *špi̯tswīs* GUTMADGN. – f.: FlN, nach der spitz zulaufenden/dreieckigen Form ben. Wiesengrundstück HANDSCH./BAD. FLURN. III 4, 66, E. SCHNEIDER BIET. 208; 1686 *in der sog. Spitz wisen* HEGAU-FLURN. 4, 69; 1712 *die Spitzwiß genandt* W. SCHREIBER ZW. 314; 1822 *die Spiz oder Jäger-Wieß* ZIEGELHSN/BAD. FLURN. III 6, 61; *i de špi̯zwīis* GUTMADGN/eb. I 1, 29. – Vgl. *Spitzmatte.* – Südhess. 5, 1213.

**Spitz-zange** f.: ‚Greifwerkzeug mit konisch zulaufenden Backen', ein Werkzeug (u. a.) des Uhrmachers; *unterem Bank in der Zuglade isch ... e gröbi un e zarti Bíszange, e Braitzange, e Schpizzange, e Kornzängli, ...* O. FWGLR 35. – Vgl. *Drahtzange.* – DWb. 10/1, 2650; Fischer 5, 1563.

**Spitz-zeilete** *šbi̯dsdsīld* ZELL-WEIERB.; -*dsildə* KÖNIGSCHAFFHSN, JECHTGN, SCHELGN; -*dsi̯lədə* OPFGN, MENGEN. – f.: ‚kürzere Rebzeile, -reihe, bei dreieckig zulaufenden Rebstücken', Winzerspr. KREUTZ 88, HÖFFLIN 229. – Vgl. *Sperrzeilete, Spitzgasse.* – Fischer 5, 1564. 6/2, 3158.

**Spitz-zug** ‚Form des Pferdegespanns' s. u. → *Lottscheit*.
**Spiz, spizen, Spizets** → *Spauz, spauzen, Späuzets*.
**Spleen** *šblīn* mancherorts Kurpfalz, ÖSTRGN, SANDW., KAPPELWI., MÜNCHW., REUTE (EMM.). – m.: **1) a)** ‚fixe Idee' BRÄUTIGAM So 127, FREI SCHBR. 154, LEHR KURPF.² 143, ODENWALD MPH. 93, DISCHINGER 185. – **b)** ‚Verrücktheit, Verschrobenheit' G. MÜLLER 36, BURKART 161, ODENWALD MPH. 93; *Dä hodd doch änn Schblīin, dä Mensch* DISCHINGER 185; vgl. *Spatz 1a, Vogel 5c*. – **2)** ‚Einbildung, Dünkel' 1931 SECKENHM.; *är hed e Schblīin* ‚er ist ein Angeber, Wichtigtuer' SCHWENDEMANN Ort. 1, 34. – Entl. aus engl. *spleen* ‚Gemütsverstimmung, Misslaune' (wörtl. eig. ‚Milz'), vgl. KLUGE 689. – Vgl. *II Fimmel, Hochmut 1, Klap(p)s 2, Marotte.* – DWb. 10/1, 2650; Pfälz. 6, 315; Südhess. 5, 1213 (*Splien*).

**spleenig** *šblīniš* MANNHM, PHILIPPSBURG; *šblīnig* REUTE (EMM.). – Adj.: ‚ein wenig verrückt' REUTE (EMM.); *schbliēnische Idee* BRÄUTIGAM So 127; *schbliēnische Zeitgenossen* ODENWALD MPH. 93. – Abl. v. → *Spleen*. – Vgl. *verspinnhudelt, hirnschellig, zipfelsinnig.* – Südhess. 5, 1213 (*splienig*).

**Spleiß-nagel** „*šblaisnagel*" EBERB. – m.: ‚ca. 25 cm langes, dornartiges Metallwerkzeug zum Auflösen und Verknüpfen mehrsträngiger Taue', 1977 nicht mehr im Gebrauch eb. – Vgl. *splissen*. – Südhess. 5, 1214 (*Splißnagel*).

**splendid** *šblęndīd* MÖRSCH. – Adj.: ‚großzügig, freigiebig' HEIDELBG/BAD. HEIM. 1917, 92; *Un splendid isch 'r gsi, des heißt, so witt's si mager Beidili* (→ *III Beutel 1*) *v'rtrage het künne* GANTHER Stechp. 135. – Zu franz. *splendide* ‚prächtig, schimmernd, glänzend', wobei sich die mu. Bed. an → *spendabel* angeglichen hat. – Weiteres → *sonst 3b*; vgl. *spendid*. – DWb. 10/1, 2655; Els. 2, 555; Fischer 5, 1564; Pfälz. 6, 315; Schweiz. 10, 715; Südhess. 5, 1213.

**Splien** ‚fixe Idee, Verrücktheit, Einbildung' → *Spleen*.
**splienig** ‚ein wenig verrückt' → *spleenig*.

**Splint** *šblįnd* MÜNCHW.; *šblīn* GLOTTERT. – m.: **1)** ‚Achsnagel, Metallstift zur Sicherung der Wagenachse' BADEN-B., SCHWENDEMANN Ort. 1, 104; vgl. *I Nolle*. – **2)** ‚verfaultes Stück Holz am Fass' GLOTTERT.; viell. Nebenform zu oder verwandt mit → *Spint*. – Aus der Standardspr. übernommen, urspr. Nd. – DWb. 10/1, 2656; Pfälz. 6, 315; Südhess. 5, 1213.

**splissen** *šplisə* MÜNCHW. – schw.: ‚ein gebrochenes Seil wieder zusammenflechten' eb. – Offenbar Lehnw. aus dem Niederländischen (vgl. DWb. 10/1, 2659).

**Splitter** *šblįdə* mancherorts Kurpfalz; *šblįdr* KAPPELWI., LEGELSH., REUTE (EMM.); *šblittər* SINGEN A. H.; Dim. *šblįdərlį* HAUENSTEIN. – m.: **1)** ‚spitzes kleines Bruchstück, bes. von Holz u. a. hartem, sprödem Material' FREI SCHBR. 154, BURKART 161. 224, SCHWEICKART 75, W. SCHREIBER 52. – **2)** ‚große Hautschrunde' ZIMMERM. hs. 286. – Gemäß KLUGE 689 entl. aus dem Nd. – Vgl. *Granatsplitter*; vgl. zu Bed. 1 *Schliffer 1, Speiß(en) 1a, Spreißel 1*. – DWb. 10/1, 2661; Fischer 5, 1564; Pfälz. 6, 315; Schweiz. 10, 717; Südhess. 5, 1214; SUF V, 8.

**splitter-nackt, -nackig** *šblįdvnagəd, -nagiš* mancherorts Kurpfalz; *šblįdrnvgd* REUTE (EMM.). – Adj.: ‚völlig unbekleidet' FREI SCHBR. 154. – Laut DWb. 10/1, 2669 urspr. Nd. (dort seit dem 15. Jh. bel.). – Syn. s. u. → *nackt*. – Fischer 5, 1564; Pfälz. 6, 316; Südhess. 5, 1214.

**spöchten** ‚spähen' → *spächten*.

**Spöck** *šbeg* KARLSR.; *špek* EHGN. – f.: **1)** FlN, schmaler Waldstreifen ENGEN; nach 1794 *an der Speck* W. SCHREIBER Zw. 412; 1881 *Spöck* eb.; *i da špęk enn* EHGN/eb.-ON: **2)** Dorf nördl. von Karlsruhe DIEMER ON 62; 865 *ad Specchaa* KRIEGER 2, 1034; 1238 *villa in Specke* eb.; 1678 *Spöckh* eb.; Übern. für die Bewohner ist *šbegərēsllayōv* (Spöcker Esellangohr) 1932 FRIEDRICHST. – Vgl. *Specke*.

**Spöck-wiese** f.: FlN MESSK.; *Spöckwiß* ALEM. 15, 91. – Zu → *Specke*. – Vgl. *Speckwiese*.

**Spohrer** FN: Gegend um MOSB./KLAUSMANN FN 169. Kt. 74, NIED FREIB. 79, urspr. Berufsn. (Sporenmacher).

R **Spokoni** „*spokony*" PFULLEND. – m.: ‚Speck' KLUGE R. 344. – Laut WOLF R. 5476 urspr. ‚Speck von einem Bakonyer (ungarisches Mastschwein)'. – Vgl. *Kapat*. – Fischer 5, 1564.

**spolieren** *šbolīərn* HETTGN. – schw.: ‚spähend umhergehen, auflauern, spionieren' eb. – Geht auf lat. *spoliare* zurück. – Vgl. *herumspolieren*; Syn. s. u. → *spionieren*. – DWb. 10/1, 2673; Els. 2, 539 (*spulieren*); Fischer 5, 1564; Pfälz. 6, 374 (*spulieren*); Schweiz. 10, 193.

**Spon-eck** f.: Burg(ruine) bei JECHTGN; 1305 *uf der burg ze Spanegge* KRIEGER 2, 1034; 1465 *das ich ... mynem gnedigen herren Eberharten ... Sponeck zu lehen machen söllen* eb.; 1525 *unser schloß Spaneckh am Rhein gelegen* eb.

**Sponeck-hof** m.: Hofn. JECHTGN/KRIEGER 2, 1034.

**Spone-peter** m.: ‚Sonderling' 1979 LÖRRACH. – Vgl. *Eigenbrötler, Spinner 2a, Selteneck*.

**Spon-hart** m.: **1)** Hausn. FREIB.; 1536 *haws genant zum grosen Sponhart ist ein Eckhaws, stost zur einsidt an das haws zum klein sponhart* K. SCHMIDT HAUSN. 129; 1562 *die herberg zum Sponhert beim Vischmark* eb. – **2)** FN GÜNTERST.; 1344 *her Spanhart* K. SCHMIDT HAUSN. 129; 1460 *her Sponhart* eb. – **3)** FlN, Reben FREIB.; 1450 *reben hinder St. Johannser torn im Sponhart* BAD. FLURN. I 3, 239. – Alter Taufname, ursprünglich *Spanhart*, früh zum FN geworden K. SCHMIDT HAUSN. 129.

**Spon-messer** → *Spanmesser*.

**Sponsari** *šbǫnsårį* ENGELSWIES. – m.: ‚Eheunterricht, Brautexamen' O.HARMERSB./OCHS-FESTSCHR. 264, 1895 HOHENBODMAN, ELLENBAST 68; *si gond dsųm šbǫnsårį* 1946 ENGELSWIES; *Ellimol sieht mer die zwii zum Pfarer gau zum Sponsari. Mer mueß jo schließlig wisse, wie mer sei „Ehegspons"* (vgl. *Gespons*) *z behandle het* ST. MÄRGEN/Schulheft 1970, 32. – Nach lat. *sponsalia*. – Fischer 5, 1565 (*Sponsare*); Schweiz. 10, 370.

**Sponus** *šbǫnus* MÖHRGN. – m.?: ‚Geld', „veraltet" eb. – Vgl. *Sporesrassel*.

**spör** *šbēr* STOCKACH. – Adj.: ‚hart vor Trockenheit' FUCHS 63. – Mhd. *spör(e)* ‚trocken, rau', vgl. KLUGE 690. – Vgl. *treug(e), rösch 1b. c, stärrig*. – DWb. 10/1, 2676; Fischer 5, 1565; Schweiz. 10, 472.

† **Spor-ader** f.: ‚große Hautvene am Bein, Vena saphena magna'; 1566 *... die spor oder frauwen ader ist gerechten fuß öffene* (im Zusammenhang mit Stillen, Stoppen des Milchflusses in der Brust) PICT. LEIBS ARTZ. 109b. – Mhd. *spor-, sparader* ‚Krampfader'. – Vgl. *Frauenader*. – DWb. 10/1, 2676; Fischer 5, 1566; Schweiz. 1, 88.

**Sporen** → *Sporn*.

*I* **sporen** *šbōrə* JECHTGN. – schw.: ‚mit den Füßen treten (z. B. im Schlaf das Bettgestell), strampeln' BRUNNER 247; *Er schport sich selwer bis ufs Blut / Mit seine beriddene Füß* NADLER 99. – Laut SCHWEIZ. 10, 471 zu ahd. *spor(n)ōn* ‚mit der Ferse ausschlagen, mit den Beinen strampeln'. – Vgl. *I versporen*; vgl. *schlegeln 2*. – ALA I, 184; DWb. 10/1, 2677; Els. 2, 547; Pfälz. 6, 316; SDS IV, 87; Schweiz. 10, 470.

*II* **sporen** *šbōrə* HEIDELBG; Part.: *gšbōrd* WERB. – schw.: ‚schimmeln, durch Feuchtigkeit faulen' WERB., HEIDELBG/BAD. HEIM. 1917, 88. – Zu ahd. *spōri* ‚mürb, faul', vgl.

KLUGE 690 (unter *Spor*). – Vgl. *II versporen*; vgl. *I grauen 2, grüneln*. – DWb. 10/1, 2677; Fischer 5, 1566; Pfälz. 6, 316; Südhess. 5, 1216.

**Sporen-berg** → *Sparenberg*.

**Sporen-peter** *šbōrəphēdər* SCHOPFHM. – m.: ‚närrischer, gezierter Mensch', wer einen → *Sporn 4* zu viel hat (s. d.) 1935 eb. – Vgl. *Geck*. – Schweiz. 4, 1842.

**Sporen-wagen** *šbōrəwǟjə* ALTENHM. – m.: ‚bestimmter Typ des hölzernen Bauernwagens', bei FOHRER 172a unterschieden vom → *Leuchsenwagen*. – Zu → *Sporn 3a*.

**Sporerei** f.: ‚Schimmelbildung', z. B. bei Möbeln an feuchten Wänden WERB. – Zu → *II sporen*.

**Spores-rassel** *šbōvrəsrasl* HANDSCH.; *šbōrəsräsl* RAPP. – m.: ‚bares Geld, Vermögen', Händlerspr. LENZ 4, 7 (neben *Bonemrassel*, dies viell. zu → *Bonem* ‚Gesicht, Mund'), MEIS. WB. 178, RAPP./ZFHDMU. 3, 127. 319. – Zum Grundw. vgl. → *II Rassel 4*. Etym. des Erstglieds unklar. In FISCHER 5, 1567 ist *Sponesrassel* angesetzt, mit Hinweis auf *Bonesrassel*, für das wiederum eb. 1, 1291 ein möglicher Zusammenhang mit lat. *bonus* erwähnt wird. – Vgl. *Sponus*. – Pfälz. 6, 316 (*Sponesrasseln*); Südhess. 5, 1216; Wolf R. 314.

**Spor-flecken** *šbōrflegə* WERTHM. – m.: ‚Schimmelfleck(en)' PLATZ 304. – Zu → *II sporen*. – DWb. 10/1, 2678; Els. 1, 167; Fischer 5, 1566; Pfälz. 6, 316; Südhess. 5, 1216.

**Spöri** FN: verbr. im Breisgau, insbes. SEXAU, u. ö. NIED FREIB. 79. – Übern. zu → *I sporen* oder ein „Ritterübername" wie eb. vermutet, vgl. auch *Spohrer*.

**sporig** *šbōriš* mancherorts Kurpfalz; *šbōvriχ* HANDSCH.; *šbōri* O. SCHEFFL.; *šbōrəd* OFTERSHM; *šbōriχ* MÖNCHZ.; *špōrig* ROTENFELS. – Adj.: ‚von Schimmel befallen; muffig, moderig riechend' HERWIG-SCHUHMANN 118, LENZ WB. 67a, FREI SCHBR. 154, LIÉBRAY 278, ROEDDER VSPR. 532a, REICHERT 73, z. B. in Bezug auf Wäsche, die lange (und zu feucht) im Schrank lag HEBERLING 28. – Zu ahd. *spōri* ‚mürb, faul', vgl. KLUGE 690 (unter *Spor*). – Vgl. *schimm(e)lig, sporzig*. – Fischer 5, 1567; Pfälz. 6, 316; Schweiz. 10, 472; Südhess. 5, 1217.

**Sporkert** *šborgərd* WERTHM. – m.?: FlN, Waldgelände PLATZ 304.

**Spörlins-gut** n.: FlN MÜHLHSN (SING.), ehemals Lehngut des Klosters Reichenau; 1461 *Spörlins gütt, das lienhart Dürr innhatt* W. SCHREIBER ZW. 531; 1518 *Wir ...haben gelichen ... ab spörlis güt zü mülhusen ...* eb. – Ben. nach einem ehem. Besitzer mit FN *Spörli* eb.

**Spörlins-wiese** f.: FlN MÜHLHSN (SING.); 1712 *bey der Clouß oder Spöhrliß Wis* W. SCHREIBER ZW. 531.

**Sporn** *šbōvn* HANDSCH.; *šbōrn* O.SCHEFFL., REICHENB. (GENGB.), BERGHAUPTEN, STROHB., O.HARMERSB., ST. GEORGEN (FREIB.); *šbōrə* MANNHM, EBERB., mancherorts Kraichgau, MÖRSCH, MUGGENSTURM, mancherorts zw. Murg u. Schutter, OTTENHM, JECHTGN, ACHKARREN, LÖRRACH; *šbōvrə* PLANKST.; *šbōrər* O.WEIER (RAST.), MÖSB., WAGSH., SCHUTTERWALD, N.SCHOPFHM, KENZGN; *šbōw* DIERSHM; *šbōr* ALTENHM; *šbōrə* RUST; *šbōrv* REUTE (EMM.); *špōrə* WEHR; *špərə* GUTMADGN, MÖHRGN, ESCHB. (WALDSH.); *šboərə* LIGGERSD.; *šbōrə* KONST.; Pl.: *šbōvn* HANDSCH.; *šbōrə* O.SCHEFFL.; bei zweisilbigem Sg. gilt in der Regel Pl. wie Sg.; Dim.: *šbēvlə* HANDSCH. – in EBERB. f., sonst m.: **1) a)** ‚Bügel mit Dorn oder Rädchen, der am Reitstiefel angebracht wird, um damit das Pferd anzutreiben' LENZ WB. 67a, TREIBER 51, ROEDDER VSPR. 532a, MEIS. WB. 178a, HUMBURGER 175, RUF 37, HARTMANN 79, WILLINGER 91. 154, SCHWEICKART 24, SCHECHER 67, BRUNNER 94. 180, CLAUDIN 110, GESSER 77. 169, BECK 191, SCHÄUBLE WEHR 138, W. ROTHMUND 14, KRAMER GUTMADGN 280, KIRNER 52. 166, SINGER HÖRI 85, E. DREHER 27, JOOS 115, O.SCHOPFHM/ZFHDMU. 1, 332, KENZGN/eb. 3, 94, OTTERSD./ZFDMU. 1914, 344, O.WEIER (RAST.)/eb. 1916, 288; *ein Junker von Ritterget blüt, / Mit silbernen Sporen am Bein* NADLER 99; *Seiñ Gaul war vum Geruch schun schteif, / Seiñ Schpore brauñ vun Roscht* eb. 83; *Un widd'r emol hodd er seiñ Schpore añgschnallt / Un reitt in de Wildbrunnsgrund* eb. 98; Ra.: *sisch goldene Schbore verdiene* ‚sich durch besondere Leistungen auszeichnen, einer Stellung als würdig erweisen' LITTERER 319. – **b)** Hausn. FREIB.; 1506 *zum Sperelin* K. SCHMIDT HAUSN. 129; 1522 *huß zum guldin sperli* eb.; 1537 *zum guldin sporen* eb. – **2) a)** ‚spitzer, nach hinten zeigender Hornfortsatz am/über dem Fuß bestimmter Vogelgruppen'; *Də Giggəl (→ Gückel 1* ‚Haushahn'*) hät spərə wi ən Fäldwäbəl* KRAMER GUTMADGN 280. – **b)** Tiern., ‚der Schmetterling Schwalbenschwanz, Papilio machaon' MALSCH (WIESL.), viell. pars pro toto, aufgrund der kurzen, spitzen „Schwänzchen" an den Hinterflügeln. – **3)** übertr. auf andere, in der Form vergleichbare Dinge. **a)** ‚Stemmleiste, seitliche Stütze am Bauernwagen' SASB. (ACHERN), Rench- u. Kapplertal/BAUR 149. Kt. 133, MENG 240, 1935 DURB., FOHRER 172, Offenburger Gegend/OCHS-FESTSCHR. 263, REICHENB. (GENGB.)/SSA-AUFN. 120/4, O.HARMERSB. eb., SEEB. (WOLF.), BIBERACH; vgl. dazu → *Sporenwagen*. – **b)** ‚blind auslaufender Seitenarm eines Flusses', am Rhein oder Neckar BRÄUTIGAM SO 127. – **c)** ‚buhnenartiger Vorbau im Fluss' 1949 EBERB.; vgl. *Vorland 1*. – **d)** im Dim.: ‚Schößling unten am Weinstock, der bis auf zwei Augen (→ *Auge 2a*) abgeschnitten ist' LENZ WB. 67a. – **4)** in Ra.: *ər hot ən šbōrə dsfil* ‚er ist nicht ganz richtig im Kopf' JOOS 115. 296; ähnl.: *är hett en špōrə* SCHÄUBLE WEHR 138; vgl. *Sparren 1*. – Ahd. *sporo*, mhd. *spor(e)*. – Weiteres → *Fahrer 3, Lenkrad*; vgl. *Leiter-, Rittersporn*. – DWb. 10/1, 2679; Els. 2, 546 (*Sporen*); Fischer 5, 1567; Pfälz. 6, 316; Schweiz. 10, 460 (*Spor*); Südhess. 5, 1217.

**spornen** schw.: **1)** ‚antreiben'; *Er schport sich selwer bis ufs Blut / Mit seine beriddene Füß* NADLER 99. – **2)** ‚mit Sporen (→ *Sporn 1a*) versehen', nur als Part. in fester Wendung bel.: *gšdiflt un gšbornt* ‚vollständig ausgerüstet, bereit zum Aufbruch' ROEDDER VSPR. 537b, ähnl. MEIS. WB. 184a. – Mhd. *spor(n)en*. – Weiteres → *gespor(n)t, stiefeln*; vgl. zu Bed. 1 *treiben 2, tribulieren 1*. – DWb. 10/1, 2684; Els. 2, 547 (*sporen*); Fischer 5, 1567; Pfälz. 6, 316 (*sporen*); Schweiz. 10, 467 (*sporen*); Südhess. 5, 1218.

**sporn-streich(s)** *šbornštroax* SCHILTACH; *šbornštraiχ* REUTE (EMM.). – Adv.: ‚sofort, schleunigst, unverzüglich'; *no sin si schpornstroach uf un dervau* SCHILTACH/ORTEN. 1967, 175; *dr isch schpornschtraich zuanem* REUTE (EMM.); *un nor sin sie mit 'm spornstreichs bergab*, Gengebach zue GANTHER STECHP. 112; *Der Een is uf de Kerchedhorn gegrawwelt, / Der Anner schporeschtreechs zum Physicus* NADLER 75. – Fnhd. *sporenstraichs*, urspr. auf Reiter bezogen, ‚eilends, im schnellen Galopp, das Pferd mit den Sporen antreibend', vgl. KLUGE 690 u. DWB. 10/1, 2686. – Vgl. *gerädi, schnurstracks, stracks*. – Fischer 5, 1568; Pfälz. 6, 317; Schweiz. 11, 1977 (unter *Sporenstreich*); Südhess. 5, 1218.

**Sport** *šbo'd* NUSSLOCH; *šbord* KEHL, APPENW., ICHENHM, SCHAPB., REUTE (EMM.); *šbörd* mancherorts Markgräflerland; *šbort* SCHONACH, ENGEN. – m.: ‚spielerisch oder wettkampfmäßig durchgeführte, intensive körperliche Betätigung, sportliche Disziplin' WITZ 34; *iš au ən šōnə šbort* (das Reiten) 1973 ENGEN; *wīə biš dęn dü dsų dęm* *šbǫrd* (zum Fischen) *kųmǝ?* 1955 Ichenhm; *įš jǫ glāʳ das se hęn welǝ dsaijǝ das se au ebs įm šbǫrd kenǝ ųsrįχdǝ* 1955 Kehl. – Aus der Standardspr. übern., urspr. engl. – Vgl. *Wintersport.* – DWb. 10/1, 2688; Pfälz. 6, 317; Schweiz. 10, 495; Südhess. 5, 1218.

**Sportel** *šbǫrdl* O.weier (Rast.), Reute (Emm.); *šbǫrdlǝ* Hintschgn; häufig im Pl.: *šbǫrdl* O.scheffl.; *šbǫvdl*, -*ov*- Handsch., Rapp., Mörsch; *šbōrdlǝ* Lörrach. – f.: ,(behördliche) Gebühr' Roedder Vspr. 532a, Lenz Wb. 67a, Meis. Wb. 178a, Beck 104, O.weier (Rast.)/ZfdMu. 1916, 288; *Zahlt Schportle Gebühre un Taxe volluff, / Un doch löst keeñ Docter die Frogen em uf* Nadler 103. – Als *sportul* im 15. Jh. entl. aus lat. *sportula*, vgl. Kluge 690. – Vgl. *Gebühr 3.* – DWb. 10/1, 2688; Fischer 5, 1568; Pfälz. 6, 317; Schweiz. 10, 495 (*Sportle"*).

**Sport-fest** n.: ,feierliche Veranstaltung mit sportlichen Wettkämpfen oder Darbietungen', z. B. von Schulen oder Vereinen organisiert; *įn lešįŋǝ wāʳ dǫ ę grōsǝs šbǫrdfęšd* 1955 Schapb. – Vgl. *Turnfest.* – Pfälz. 6, 317.

**Sport-fischer** *šbǫrdfįšr* Weisweil (Emm.); *šbǫrtfišǝr* Reichenau. – m.: ,jem., der das Angeln als Hobby betreibt' 1973 Weisweil (Emm.); *en šbǫrtfišǝr, dęr mųs sįnį fišǝrkārtǝ hā* 1976 Reichenau. – Übern. → *Sonntagsfischer.*

**Sport-heim** n.: ,Raum/Gebäude, in dem die Mitglieder eines Sportvereins zusammenkommen'; *mīr hęn ę šbǫrdhaįm* 1972 Schutterwald.

**Sport-lehrer** m.: ,Person, die das Fach Sport unterrichtet'; *un hā aįŋdlįχ fǫrkhā ęntwędr ǫfįtsīr ǫdr šbǫrdlērǝr ds gē* 1955 Öflgn. – Vgl. *Turnlehrer.* – Südhess. 5, 1218.

**Sportler** *šbǫʳdlv* Laudenb.; *šbǫrdlv* Nussloch, Schapb. – m.: ,Person, die regelmäßig → *Sport* treibt'; *ę gūdǝ šbǫʳdlv* 1976 Laudenb.; *gǫnds gūdį un dūrχgǝturntį un dūrχdręnrdį šbǫʳdlv* 1955 Schapb.; *des wāʳ n agdīfǝ šbǫrdlv* 1955 Nussloch; *Där Schbordler isch gleichig* (→ *geleichig*) Braunstein Raa. 12.

**Sportler-familie** f.: ,eine → *Familie*, deren Mitglieder sportlich aktiv sind'; *wįl mīr ę aldį šbǫrdlvfamįljǝ sįn* 1955 Öflgn.

**Sport-platz** *šbǫrdblads* so u. ähnl. verbr. – m.: **1)** ,für Ballspiel und/oder Leichtathletik angelegtes Freigelände' Russhm, Schapb.; *bįm šbǫrdblads ųmǝ* 1978 Grisshm; *dan sįmr uf dǝ šbǫrdblads hįndǝrį* 1955 Kadelburg; *dęv gēd nįd furd uf dv šbǫrdblads ǫdv dsų kolęgǝ* 1972 Schutterwald. – **2)** FlN Ziegelhsn/Bad. Flurn. III 6, 61. – Vgl. *Kuchenblech 2, Turnplatz.* – Pfälz. 6, 317; Südhess. 5, 1218.

**Sport-verein** *šbǫrdfvraį* Russhm, Schapb.; -*fvʳaįn* Gausb.; -*ferain* Schutterwald, Ebrgn (Freib.); -*fvrain* Hausen i. T. – m.: ,Zusammenschluss von Menschen zur Ausübung/Förderung einer oder mehrerer Sportarten'; *turn un sbǫrdfęrain* 1972 Schutterwald; *mǝ hǫd įn haųsǝ kaįn sbǫrdfarain ghet* 1955 Hausen i. T. – Vgl. *Turnverein.* – Pfälz. 6, 318; Südhess. 5, 1219.

**sporzen** *šbǫrdsǝ* Heidelbg. – schw.: ,nach Schimmel riechen' eb./Bad. Heim. 1917, 87. – Vgl. *schimmeln 2.*

**sporzig** *šbǫvdsiχ* Heidelbg. – Adj.: ,versport, schimm(e)lig' eb. – Vgl. *sporig.* – Südhess. 5, 1219.

**Spotenbauern-hof** m.: Hofn. Welschensteinach/Krieger 12, 621.

**Spott** *šbōd* Werthm; *šbǫd* Buch a. Ahorn; *šbod* mancherorts N-Baden, Ötighm, O.weier (Rast.), Bühlert., Schenkenz., Reute (Emm.); *šbot* Konst. – m.: **1)** ,höhnische, schadenfrohe Äußerung oder Verhaltensweise, mit der sich jem. über andere lustig macht' Lenz Wb. 67a, Liébray 278, Meis. Wb. 178b, Joos 110, O.-weier (Rast.)/ZfdMu. 1916, 288; *s įš jō koį šbod* 1976 Bauschlott; *mit soų saxǝ dęrf mǝr gǝn šbot draįwǝ* Roedder Vspr. 532a; *dēnǝ hǫᵇmǝr hald ęli šbod nǫįgšriwǝ* (in einen Brief) Baur 275; *d'Uhr furt, d'Kett, d'r Beid'l mitsamt 'm Geld, - alles, alles furt; un nix d'rvuetrage as Wuet un Erger un Spott un Schand* Ganther Stechp. 121; oft in Paarformeln oder Alliterationen: *Niid und Spott* Jung Brägel 12; *šānd un šbot* 1918 Rohrb. (Epp.), ähnl. Buch a. Ahorn; Ra.: *desis jo der šbōd dǝr Weld!* Platz 305; Sprichw.: *War dr Schadv het, muvs fir dr Schbott nit sorgv* Reute (Emm.), ähnl. 1955 Karlsd., 1973 Ötighm; Neckvers: *wònn dòrich Jehlinga laafsch un griegsch kòin Schbodd, / no hasch a b'sunnare Gnad vòa Godd* Schwarz 108, ähnl.: *węv durχ ęršįŋǝ gaįd un hęrd koįn šbod / dęv kan daŋgǝ ǝm liǝbe god* 1976 Ersgn (s. a. u. → *Gnade 1a, Riedtor*). – **2)** ,Zank, Lärm' Wibel Mu. III, 19; *soųǝ šbōd dsǝ maχǝ!* ,so ein Spektakel zu machen' Platz 305. – **3)** FlN Eichstet., Wolfenwlr; 1344 *obe dem spot* Roos 403; 1418 *zem Spotte* eb. – Ahd., mhd. *spot* ,Verspottung, Hohn, Schmach, Scherz, Spaß'. – Weiteres → *Gnade 1a, kramen 1, Neid, Schaden 1, Schande 1 a*; vgl. *Hohn, Schimpf.* – DWb. 10/1, 2689; Els. 2, 551; Fischer 5, 1568; Pfälz. 6, 318; Schweiz. 10, 617; Südhess. 5, 1219.

**spott-billig** *šbodbīliχ* Heidelbg; *šbodbilig* Münchw.; *šbobbilig* Liggersd., Stahrgn. – Adj.: ,äußerst (überraschend) preisgünstig' Schwendemann Ort. 3, 90, E. Dreher 85, Staedele 18. – Vgl. *spottwohlfeil.* – Els. 2, 34; Fischer 5, 1569; Pfälz. 6, 318; Südhess. 5, 1219.

**Spott-drossel** f.: wohl dass. wie → *Spötter*; *v Schbottdrossl* Reute (Emm.). – DWb. 10/1, 2696; Pfälz. 6, 318.

**spötteln** *šbedlǝ* O.scheffl., Oftershm, Rapp., Mörsch, Dinglgn; Part.: *gšbedlt* O.scheffl., Rapp. – schw.: ,leicht → *spotten*, sich lustig machen' Roedder Vspr. 532a, Liébray 277, Meis. Wb. 178a; „*Numme kei Angscht*", *ha i druf g'spödd'lt*, „*m'r hen Geld gnue; was bruche m'r Glück?*" Ganther Stechp. 118; *Lit, wu dert durch sin, hen als gspöttelt* Appenw./Mein Heimatl. 1942, 223; substantiviert: *Wann Einer Bauen will an die Gassen Und strassen Der Muos Das Sbetlen Und Tatlen Nicht Achten* 1895 (in einer Inschrift) Gurtweil; *des A'klotze un Spöddele vun denne Stadtlütt, des ha i jetz emol dick* Ganther Stechp. 117. – Vgl. *fippen, föppeln, uzen.* – DWb. 10/1, 2696; Els. 2, 552; Fischer 5, 1569; Pfälz. 6, 319; Schweiz. 10, 630; Südhess. 5, 1219.

**spotten** *šbodǝ* O.scheffl., Handsch., Oftershm, Rapp., mancherorts Ortenau; *šbǫdǝ* Furtwangen, Todtm.; *špotˉǝ* Markelfgn; *šbottǝ* Konst.; Part.: *gšbod* Rippenw., O.scheffl.; *gšbodǝd* Appenw. – schw.: ,sich lustig machen, lächerlich machen, höhnen' Roedder Vspr. 532a, Lenz Wb. 67a, Liébray 278, Meis. Wb. 178b, Meng 56. 87, Fohrer 18, Metrich 117, Schwendemann Ort. 3, 90, Wahr 28, Zinsmeister 18. 61f., Joos 110, Appenw./Mein Heimatl. 1942, 224, Mahlbg/Alem. 35, 227; *got lest saįnǝr nǝt šbodǝ* Roedder Vspr. 532a (nach Galater 6, 7); ... *hęwǝ dī als gsād węn sǝ na gšbod hęwǝ dǫ* 1976 Rippenw. – Mhd. *spot(t)en* ,höhnisch handeln oder reden, scherzen, spaßen'. – Weiteres → *lästern*; vgl. *aus-, verspotten*; vgl. *atzeln, (ver)hohnnickeln, verpflaumen, foppen, hänseln, höhnen, schändseln, wäuen.* – DWb 10/1, 2696; Els. 2, 552; Fischer 5, 1569; Pfälz. 6, 319; Schweiz. 10, 621; Südhess. 5, 1219.

**Spötter** *šbǝdr* Reute (Emm.); *šbettǝr* Konst.; *spöttǝr* Jestet. – m.: ,jem., der andere verhöhnt' Joos 121, R. E. Keller Jest. 71. – Mhd. *spottære, spotter.* – Vgl. *Vogelspötter*; vgl. *Föppler, Spottdrossel, Spötterich, Spöttler, Strähler.* – DWb. 10/1, 2700; Fischer 5, 1569; Pfälz. 6, 319; Schweiz. 10, 625; Südhess. 5, 1220.

**Spötterich** *šbedvriš* PLANKST. – m.: dass. wie → *Spötter* TREIBER 11.

**Spottert** m.: FlN, Ackergelände FREIB.; 1327 *ob dem spothart* BAD. FLURN. I 3, 239; 1412 *reben in dem Spotthart* eb.; 1666 *im spottarth* eb.; 1762 *im ußeren Spottert* eb.; 1812 *Reben im Spottert* eb. – Viell. zu einem FN, vgl. *Sponhart*.

**Spott-gedicht** n.: ‚lyrischer (gereimter) Text, in dem jem. oder etw. verspottet wird'; *Drum leir du nor deiñ Schpottgedicht* NADLER 166. – Vgl. *Schlötter 2b, Schnitzelbank 2*. – DWb. 10/1, 2703.

**Spott-geld** n.: ‚lächerlich niedriger Geldbetrag' O. ROTHENBERGER 30; *um ein Spottgeld* HANSJAK. ERZB. 173. – Ggs. → *Nepp*. – DWb. 10/1, 2703; Fischer 5, 1569; Pfälz. 6, 319.

**spottig** *šbǫdig* mancherorts Raum TRIBG. – Adj.: **1)** dass. wie → *spöttisch* FLEIG 51. – **2)** ‚gerne → *Spott 1* treibend'; *du schbodiger Kaib* eb. – Mhd. *spottec, spottic*. – DWb. 10/1, 2704; Fischer 5, 1569; Pfälz. 6, 319; Schweiz. 10, 629; Südhess. 5, 1220 (jew. *spöttig*).

**spöttisch** *šbediš* O.SCHEFFL., RAPP., MÖRSCH, PFORZHM, O.WEIER (RAST.), REUTE (EMM.); *šbediš* OFTERSHM; *šbettiš* STOCKACH. – Adj.: ‚voller → *Spott*, hämisch, höhnisch' ROEDDER VSPR. 532a, LIÉBRAY 277, MEIS. WB. 178a, FUCHS 68, O.WEIER (RAST.)/ZFDMU. 1916, 286; *Der Beefsteak schtellt sich hiñ un hot halb schpöttisch gsacht: / „Ei, was hat ihn denn zum Erschieß gebracht?"* NADLER 176. – Die Form ist laut DWb. 10/1, 2705 erst seit dem 14. Jh. bel. und ersetzte nach und nach das ältere *spöttig*. – Vgl. *muffzig, spottig, spöttlig*. – Els. 2, 552; Fischer 5, 1569; Pfälz. 6, 319; Schweiz. 10, 629; Südhess. 5, 1220.

**Spott-kopf** m.: „Mensch mit ungewöhnlichem Schädel" MÖHRGN.

**Spöttler** *šbedlər* O.SCHEFFL. – m.: dass. wie → *Spötter* ROEDDER VSPR. 532. – DWb. 10/1, 2707; Els. 2, 552; Fischer 5, 1570; Pfälz. 6, 320; Schweiz. 10, 630; Südhess. 5, 1219 (*Spötteler*).

**Spöttlerei** f.: ‚eher harmloses Spotten über jem. oder etw., Neckerei'; *Vierzeh Dag lang sin sie mit Heftpflaschder üwwer de Augedeck'l rum dappt un hen nit winnig Spöttlerei ... lide müen* GANTHER STECHP. 128. – Vgl. *Gespött*. – Pfälz. 6, 320.

**spöttlig** Adj.: dass. wie → *spöttisch*; *Un do d'rbi het 'r so schlaumeierig un spöttlig 's G'siecht v'rzoge* GANTHER STECHP. 25. – Els. 2, 552; Fischer 5, 1570 (*spöttlich*).

**Spott-name** *špotnǫmə* HEMSB. (WEINH.); *šbodnǫmə* GRABEN. – m.: ‚spöttischer Beiname, Neckname' eb.; *di hemšbešv hawe ā en špǫtnǫmə* BAUER HEMSB. 28. – Weiteres → *auftreiben 5*; vgl. *Schimpfname*. – DWb. 10/1, 2711; Els. 1, 769; Pfälz. 6, 320.

**spott-weise** Adv.: ‚auf höhnische, spöttische Art und Weise'; *schbotwíes* REUTE (EMM.). – Zum mhd. Nomen *spotwîse* gebildet. – DWb. 10/1, 2713.

**spott-wohlfeil** Adj.: dass. wie → *spottbillig*; *Nie hädd ich, bei meiner hochfürschtliche Ehr, / Geglaabt daß e Kaiser so schpottwolfel wär!* NADLER 104. – DWb. 10/1, 2714; Els. 1, 108; Fischer 5, 1571; Pfälz. 6, 320; Schweiz. 1, 774.

**spott-wüst** Adj.: ‚sehr hässlich'; *spottwiêscht* KONST. – Vgl. *erdenwüst*.

**Sprache** *šbrōx -ō-* mancherorts in ganz Baden; *šbrǫax* DITTIGHM, DISTELHSN, HECKF., KÖNIGSHFN, WINDISCHBUCH; *šbrōux* RHEINSHM; *šprōx* ESCHB. (WALDSH.), GUTMADGN; *šprōx* MÖHRGN; *šbrāx* GAILGN; *špraux* SINGEN A. H.; Pl.: *šbrōxə* WERTHM, ST. LEON, RUSSHM, MALSCH (ETTL.), HONAU, APPENW., KIPPENHEIMWLR; *šprǫxə* ESCHB. (WALDSH.). – f.: **1) a)** ‚Fähigkeit, sich im Gespräch zu äußern; Sprechvermögen' HEILIG GR. 34. 83, LENZ WB. 67, LIÉBRAY 278, P. WAIBEL 132, DISCHINGER 185, RUF 41, G. MÜLLER 48, O. SEXAUER 152, BURKART 35, SCHWENDEMANN ORT. 3, 91, KLAUSMANN BR. 33, KIRNER 297, W. SCHREIBER 33, ZAISENHSN/ZFD MU. 1907, 272, O.WEIER (RAST.)/eb. 1916, 305, MANNHM/BAD. HEIM. 1927, 252; v. a. in best. Wendungen: *d' Schbrooch v(er)liere* LITTERER 319, ähnl. MEIS. WB. 179; *dem hots die Schbrooch verschlaare* LEHR KURPF.[2] 144, ähnl. LITTERER 319, KRAMER GUTMADGN 281; *Mir hods die Schbrooch verschlaache* BRÄUTIGAM MACH 117; *dər šregə hot mər d šbrōx fəršlāḡə khat* ROEDDER VSPR. 532; *Erscht om ondere Daa isch ne d' Sprooch widder kumme* LAUF/MEIN HEIMATL. 1933, 385; *„Seppli" ha i endlig g'ruefe, wo m'r d' Sproch widder kumme nisch* GANTHER STECHP. 61. – **b)** ‚Sprech-, Ausdrucksweise'; *Der verschdehd kä anneri Schbrooch ,dem muss man es klar u. deutlich, evtl. grob sagen'* BRÄUTIGAM MACH 117; *mə"r khaan ne"t naus bedlə gei" mit dərə šbroox* ROEDDER VSPR. 19; *An ihrer Schproch, an Gang, Maniere / Merk ich gar ball, wer vor mer schteht* NADLER 147; *„Gang, hol au 's Gfreß (→ Gefreß 1a. 2) im Kär!",* het d'Mueder zum Bue gsait. *„Desch e Sproch!"* - han i denkt. *Aber was schleppt er deher, de Klai? E Zaine voll Sprissili, Spähn un Rüsangle... Nai, so ebbis!* ST. MÄRGEN/SCHULHEFT 1970, 25. – **2)** ‚grammatisches System einer Gemeinschaft, eines Landes oder einer Region' FREI SCHBR. 155, NADLER 122, HUMBURGER 175, ROEDDER VSPR. 532, MEIS. WB. 179, HARTMANN 41. 145, G. MAIER 142. 153, METRICH 29. 137, 1971 U.BRÄND, KRAMER GUTMADGN 281, SCHÄUBLE WEHR 111, W. ROTHMUND 18, GUGGENHEIM 17; *īsə* (unsere) *šbrōx* 1971 BLUMBG; *djə šwitsər šbrōx* 1971 WEIZEN; *di hochditsch Schbrach* REUTE (EMM.); *dj ạlt šbrōx ... ụn də ạldə dialekxt* 1971 IB. (SÄCK.); *šbroochə musmər lernə!* PLATZ 305; *die Pälzer Schbrooch isch die scheenschd vun alle Schbrooche* LEHR KURPF.[2] 144; *Ihr Sandhaiser hedd sou e komischi Schbrooch, ihr duud so singe* LEHR KURPF. 116; *I moin, so en Dialekt, also so e' Mundart, des isch jo scho e' ganz annere Sproch* BRETL 8; *Bis schtille und dankch üserm Herrgott, daß du häsch därfe ä räete Schproch lehre* FLÜGEL 73; *də hed ə rūxi* (rauhe) *šbrōx wẹn ẹv* (n) *gants ə djəfi šbrōx hed* 1971 HERRISCHRD; auch im übertragenen Sinn verwendet, z. B. bzgl. eines Computers: *wail mir halt oifach net die gleich' Sproch' spreche* BRETL 61; *D Vögili pfife „Zit isch dô" / Un bike uf dr Bróch (→ Brache 2); / Si kumë al enanderno, / A jedes red't si Sprôch* O. FWGLR 51. – **3)** ‚Gesagtes, Thematisiertes' HUMBURGER 163, BRETL 18; v. a. in best. Wendungen: *Raus midde Schbrooch!* BRÄUTIGAM MACH 117, ähnl. LEHR KURPF.[2] 144; LITTERER 319; *ebbes zur Sprooch bringe* LEHR KURPF.[2] 144; *di Schbrooch druff bringə* FREI SCHBR. 155, ähnl. LITTERER 319; *die Schbrooch isch uff 'n kumme* LEHR KURPF.[2] 144; *sie hewwe grad die Schbrooch devuu ghadd* eb. – Ahd. *sprāhha*, mhd. *spräche* ‚das Vermögen zu sprechen, die Sprache'. – Weiteres → *I als 1, anfangs 2, Pfälzer 2, davontschienken, der 1i. 2, verlieren, verquanten 1, verschlagen 5a, verworgsen, heraus, hinaus 2, legen B1a, neulich, I reden, Schwäbin, Sepp 1*; vgl. *An-, Diebs-, Heimat-, Herren-, Lander-, Mutter-, Schrift-, Zwiesprache*; vgl. *Pukerei*. – DWb. 10/1, 2718; Els. 2, 556; Fischer 5, 1571; Pfälz. 6, 320; Schweiz. 10, 717; Südhess. 5, 1220.

**Sprach-fehler** *šbrōxfẹlẹ* ÖSTRGN; *šbrōxfẹlr* KAPPELWI. m.: ‚angeborene oder erworbene Beeinträchtigung beim Sprechen' DISCHINGER 185, BURKART 35. – DWb. 10/1, 2749; Pfälz. 6, 323; Südhess. 5, 1221.

**Sprach-lehre** f.: ‚Beschreibung des Systems, der Regeln einer Sprache' 2001 FREIB.; *Schbröchlehr* LINDELB./MEIN HEIMATL. 1933, 369. – Vgl. *Grammatik*. – DWb. 10/1, 2767; Südhess. 5, 1221.

**Sprach-lehrer** m.: ‚Person, die andere in einer Sprache unterrichtet' WEISS 15; „vermittelt der Jugend hebräische Kenntnisse" (in der jüdischen Gemeinde) 1908 ETTHM; „unterrichtet junge Kaufleute in Englisch" 1949f. FREIB. – DWb. 10/1, 2767.

**sprach-los** š̌brǣxlous mancherorts Kraichgau; š̌brǣxlōs JECHTGN; š̌brǣxlōs FREIB. – Adj.: ‚vor Verwunderung, Schreck o. ä. keine Worte findend'; š̌brǣxlōs sī 1969 JECHTGN; ųn nv wārə dī als š̌brǣxlōs 2000 FREIB.; *Do bini awwer schbraachlous!* HUMBURGER 175, scherzh. Entgegnung: *Wǎnn d's na bleiwe deedsch!* eb., ähnl. JUNG Brägel 60. – Mhd. *sprâch(e)lôs*. – Weiteres → *stumm*; vgl. *platt 3, stäunig*. – DWb. 10/1, 2768; Fischer 5, 1573; Pfälz. 6, 324; Südhess. 5, 1222.

**Sprach-schatz** š̌brǭxšats GAILGN. – m.: ‚Gesamtheit der Wörter, Wendungen und sonstigen Elemente einer Sprache' 2009 SÄCKGN, 2008 TIENGEN (WALDSH.); *iχ glậųb hait iš das nǫx im š̌brǭxšats fo də judə gebliba* GUGGENHEIM 28. – DWb. 10/1, 2779.

*R* **Sprade(r)** m.: ‚Stecken, Stock' ZIZENHSN/KLUGE R. 487, PFULLEND./eb. 345; den *Sprater über den Kibis* (Kopf) schlagen 1894 STOCKACH (über das Jenische in Zizenhausen). – Fischer 5, 1573; Wolf R. 5478.

**Spran-tal** š̌brǫndl JÖHLGN, KARLSR.; š̌brandl mancherorts Kurpfalz, Kraichgau. – ON: Dorf im westl. Kraichgau, seit 1973 Stadtteil von → *Bretten* P. WAIBEL 92, SCHWARZ 133, DIEMER ON 63, E. SCHNEIDER SPR. 285, ZfORTSN. 1931, 113; 1261 *Spranctal* KRIEGER 2, 1053; dazu der FlN *amm spranlemer weg* (Am Sprantaler Weg, auch *in der* → *Steingasse*) RINKLGN/BAD. FLURN. I 5, 38. – Zu ahd. *spranc* ‚Ursprung eines Baches' (vgl. KRIEGER 2, 1053).

**Spranz** nur in → *Narrenspranz*.

**Spränzel** → *Sprenzel*.

**Spröt(e)le** š̌brēdlį WALDK. (ELZT.); š̌brędlį HÜFGN. – n.: ‚einige Körner (Salz, Pfeffer, Zucker o. ä.), so kleine Menge, dass man sie zwischen zwei Fingern halten kann' 1949 HÜFGN; *Sprödli* ALBRECHT HS.; *a sprättele salz* Bodensee/ALEM. 11, 195; *ə š̌brēdli dsugar* 1938 WALDK. (ELZT.). – Laut SCHWEIZ. 10, 950 zu mhd. *sprât* ‚das Spritzen', dies zu mhd. *spræjen, spræwen* ‚spritzen, stieben, sprühen (machen)'. – Fischer 5, 1574; Schweiz. 10, 856 (*Sprode*ⁿ *m.*). 950 (*Sprat*).

**Spratt** š̌brād KIPPENHM; š̌brāt RINGSHM. – n.?: ‚(auf der Wiese) ausgebreitetes, halbdürres Heu oder Öhmd' 1920 RINGSHM; *sī* (die Schwaden) *līgə įm š̌brād* SCHULZE 82. – Zu → *spratteln 1*. – Els. 2, 562 (*Sprattel*); Schweiz. 10, 950.

**Sprattel(er)** š̌bradl PHILIPPSBURG; š̌bradlr KAPPELWI. – m.: **1)** ‚Mensch mit fahrigem Wesen' BURKART 123; vgl. *Fackelhans*. – **2)** im Pl.: ‚Großmäuler', Spottname für die Einwohner von Kirrlach ODENWALD MPh. 47. – **3)** ‚jem., der gern in die Gastwirtschaft geht' eb. 79; vgl. *Wirtshausläufer*. – Pfälz. 6, 325; Südhess. 5, 1222.

**spratteln** š̌bradln KARLSR., O.WEIER (RAST.); š̌bradlə KAPPELWI.; š̌bradlə RUST, EICHSTET., ST. PETER. – schw.: **1)** ‚(unordentlich) ausbreiten' BURKART 149. 224, RUST, EICHSTET./ZfDMU. 1913, 363, O.WEIER (RAST.)/eb. 1916, 288. – **2) a)** ‚sich fahrig benehmen' BURKART 149. 224. – **b)** ‚sich gespreizt/gestelzt benehmen'; *sich spraddeln* („von töricht Adelsstolzen") KARLSR. – **3)** ‚mit großen Schritten plump einhergehen' 1936 ST. PETER. – Zu ahd. *spratalôn* ‚zappeln, pulsieren, zucken, zittern', das im Mhd. nicht bezeugt ist, aber in den Dial. erhalten blieb (vgl. DWB. 10/1, 2794). – Vgl. *verspratteln*; vgl. *spreiten*. – Els. 2, 562; Fischer 5, 1574; Pfälz. 6, 325; Schweiz. 10, 854.

**sprattlig** š̌bradli OTTERSD., ALTENHM; š̌brądli KAPPELWI.; š̌bradliχ WOLFHAG; š̌bradlig APPENW., LAHR, MÜNCHW.; š̌pratlig WALDSH. – Adj.: **1) a)** ‚sperrig, gespreizt, viel Platz beanspruchend, unordentlich' G. MAIER 141, SCHWENDEMANN ORT. 1, 193, LAHR, 1978 WALDSH.; *er hett di Lumpe so sprattlig drüb'rghenkt* ALBRECHT HS. – **b)** spez. ‚breitbeinig (im Weg stehend)' MARX 56, WOLFHAG/ZfDMU. 1918, 178; vgl. *grättig*. – **c)** ‚mit abstehenden Rinden', bei Bäumen RUF 37. – **d)** ‚strotzend', von Kuheutern WOLFHAG/ZfDMU. 1918, 178. – **2)** ‚fahrig, zerstreut' BURKART 145. – Zu → *spratteln*. – Vgl. *verspratteln*. – Els. 2, 562; Pfälz. 6, 325; Südhess. 5, 1222.

**spratzeln** š̌bradslə KARLSR., BÜHLERT. – schw.: **1)** ‚knistern, sprühen' KARLSR. – **2)** ‚spritzen (bei Durchfall)' R. BAUMANN 85. – Weiterbildung zu → *spratzen*. – DWb. 10/1, 2795; Els. 2, 563 (andere Bed.); Fischer 5, 1574; Pfälz. 6, 326; Schweiz. 10, 973.

**spratzen** š̌bradsə KARLSR. – schw.: ‚auseinanderspritzen' eb. – DWb. 10/1, 2795; Fischer 5, 1574.

*R* **Sprauß** m.: **1)** ‚Holz' PFULLEND./KLUGE R. 340. – **2)** ‚Wald' eb. 346, ZIZENHSN/eb. 488. – Vgl. *I Krach 2f*. – Fischer 5, 1574; Schweiz. 10, 949 (*Sprūs(s)*); Wolf R. 5479.

*R* **Sprauß-fetzer** m.: **1)** ‚Holzmacher' PFULLEND./KLUGE R. 340. – **2)** ‚Zimmermann' eb. 346. – Grundw. s. → *Fetzer 1*. – Vgl. *Holzspalter 1, Zimmerer*. – Fischer 5, 1574; Wolf R. 5479.

**sprauzen** š̌braudsə HANDSCH.; š̌bräudsə OTTERSD. – schw.: **1)** refl. ‚weigern, sträuben' LENZ WB. 67a. 69a. 76b; *siχ š̌bräudsə* OTTERSD./ZfDMU. 1914, 340. – **2)** ‚auseinanderspreizen' 1936 ST. PETER. – Vgl. *borsten, spreizen*. – DWb. 10/1, 2797; Pfälz. 6, 326; Schweiz. 10, 978; Südhess. 5, 1222.

**sprechen** š̌brę̄χə mancherorts N-Baden, teils S-Baden; š̌brę̄šə EBERB., mancherorts Kurpfalz; š̌brǭxə ALTENHM; š̌brąxə so u. ä. FRIESENHM, KIPPENHEIMWLR, JECHTGN, HALTGN, WOLLB.; š̌brę̄χə WELMLGN, IMMENEICH, LAUSHM, BOHLGN; Part.: *gš̌brǭxə* mancherorts in ganz Baden; *gš̌brǭxə* AGLASTERHSN, LIEDOLSHM, O.GROMB., RINKLGN, VÖHRENB., IMMENEICH, HALTGN; *gš̌brǭxd* ALTENHM. – st., in ALTENHM schw: **1)** ‚lautsprl. Äußerungen realisieren' FREI SCHBR. 154, ROEDDER VSPR. 532a, G. MÜLLER 36, METRICH 134; *r š̌brįšd* ‚er spricht' 1948 EBERB.; *lud š̌brę̄χə* 1971 LAUSHM; *dį š̌brę̄χə gants braįd* 1955 GAMSH.; *du selwer schprichscht so schlecht* NADLER 121; *dī š̌brįšd fīl šlexdv oft wi iχ* 1976 WALDWIMMERSB.; *sį mįən nųmə nāx də š̌rift š̌braxə įn də š̌ųəl* ‚sie müssen in der Schule ausschließlich nach der Schrift sprechen' 1977 WOLLB.; *də š̌węts wį n iχ š̌węts, ... də š̌brįχ kaį hōxdǫįtš* wörtl.: ‚der schwätzt wie ich schwätze, ... der spricht kein Hochdeutsch' 1976 BOHLGN. – **2)** ‚sich mit jem. unterhalten, miteinander reden' PLATZ 305; *Si spröche mitenander deis un das* HEBEL 3, 5; *ęv wįl mį dem ən dem man š̌brąxə* 1980 FRIESENHM; *heimezue goht Alles un will jez spröchen, im Stübli* DORN 67; *mə sįn jo šo (filmǫl) so binandv gšęsə ųn hęn dō įbv dēs tēma gš̌brǭxə* 1955 ICHENHM. – **3) a)** ‚etw. mitteilen, sagen' LINDELB./MEIN HEIMATL. 1933, 369; *ųndv ųns gš̌brǭxə* 1972 KRENSHM; *der kann die Wohrheit schpreche* NADLER 55; *dę̄ wįnd eba haįd dųvx den hansələ davgšdeld dęv eba den gandsə dāg über kaįn wǫvt š̌brįχt* 1981 ÜBERLGN A. B. – **b)** ‚etw. erwähnen, thematisieren'; *ja wę mv so fǫn ųnsrə ęndwįglųng š̌brįχ* 1955 GAUSB.; *fon ōrlab* (Urlaub) *odr fraįtsęd* (Freizeit) *įš ... nį gš̌brǭxə worə* 1976 APPENW. – **4)** ‚vortragen, vor Zuhörern sprechen'; 1. Hälfte 15. Jh. *ein mess singen und ein sprechen* STEINMAUERN SEELBUCH/FREI-

B. Diöz. Arch. 2001, Nr. 1; *dər bfarā̯r hot hęit šei̯* (schön) *gšbroxə* Roedder Vspr. 532a; *u̯n had gšbroxə des wav i̯ də ki̯rχ no̜ so (ə) fešdlə* 1976 Rinklgn; *wę̜n iχ ... šbrę̜χə du̯ə šdē iχ wai̯dv fom publi̯ku̜m tsərik* ‚wenn ich vortrage, stehe ich weiter vom Publikum weg' 1975 Neuburgw. – **5)** in der Rechtsprache † **a)** ‚Rechtsansprüche geltend machen'; 1403 *Hette aber iemand an die gemeine stad Nuwenburg ichts zu sprechen, der mag sins rechten von in bekommen ...* Neuenb. Stadtr. 47. – **b)** ‚entscheiden, anordnen, förmlich erklären'; 1380 *... die an den lantgerichten und gerichten zu dem rechten sitzent und urteil sprechent ...* Neuenb. Stadtr. 38; *dem wȩrd hęit s urdail gšbroxə* Roedder Vspr. 556b; *bi̯n iχ also fi̯u̯a dau̯vnt wēvdi̯nšunfēi̯g ... gəšbroxə wo̜rdə* 1972 Schutterwald; vgl. *richten 2a*. – **6)** ‚etw. aussprechen' Werb.; *das ȩr* (der Buchstabe/Sprachlaut *r*) *riχdiχ wī mərs šbri̯χd* 1972 Dörlesbg; *gawəl ... mi̯t wē ... so wi̯vds ... gšbroxə* 1975 Lichtenau. – **7)** ‚etw. benennen, bezeichnen'; 1368 *dem man sprichet des Tegelins Krütze* Freib.; *dan hat ma fo̜m šwantsfī gšbroxə* ‚dann hat man das als Schwanzvieh bezeichnet' 1976 O.gromb. – **8)** ‚sich mündl. in der Standardspr. äußern'; *ər šbri̯χd* ‚er redet Standarddt.' Hettgn; *wo mo̜ mi̯t də ki̯ndv söl šbrę̜χə und i̯d šwę̜tsə* ‚wenn man mit den Kindern Standarddt. sprechen und nicht schwätzen (hier: Dialekt/Alltagsspr. sprechen) soll' 1979 Gutenstein. – Ahd. *sprehhan*, mhd. *sprëchen*; mu. wenig gebr., dafür eher → *I reden, schwätzen*. – Weiteres → *besitzen 1, duzen, Egerte 1, Fraktur, Furz 1, heilen 1b, Hohen Bodman, Holde 2, klar 2, Landstraße 1, Liedlohn, Machtwort, Malefikant, neckarschleimig, Offizier, Schaufel 5, scheiden 3, Schuh 5a, schuldig, I Seele 1a, Segeltuch, Seldenberg, Sibirien 2, Sperbaum, Urteil*; vgl. *ab-, an-, be-, ver-, vorsprechen, Fürsprech, gut-, hinein-, miß-, wider-, zusprechen*; vgl. *plaudern, gesprächeln, I reden* (dort weitere Syn.), *sagen*. – DiWA II-4, 436; DWb. 10/1, 2798; Eichhoff 3, 7; Els. 2, 557; Fischer 5, 1575; Pfälz. 1, Kt. 54. 6, 327; Schweiz. 10, 748; SNBW V/26; Südhess. 5, 1223; SUF V, 40.

**Sprecher** *šbrȩχv* Eichstet.; *šbrę̜χv* Reute (Emm.), Waldk. (Elzt.). – m.: **1) a)** ‚männl. Person, die spricht', mitunter auch, die bes. viel oder eine best. Mu. spricht 1971 Eichstet.; *i̯ bī kai̯ gūdv šbrę̜χv, i̯ hab kai̯ni̯ gūdə dsȩ̜n mę̜* 1970 Reute (Emm.). – **b)** ‚männl. Person, die Texte für einen best. Zweck (z. B. Nachrichten, Wetterbericht im Rundfunk/Fernsehen) spricht'; *wę̜n si̯ ję rādjo ähę̜n u̯n dȩv ai̯nə šbrę̜χv fai̯nd ā ...* 2007 Waldk. (Elzt.). – **2)** FN O.eggenen; „1610 starb der Bürger Hans Sprecher in OE" Bad. Flurn. III 1, 39. – Mhd. *sprëchære, sprëcher* ‚Sprecher, Schwätzer'. – Vgl. *Fern-, Groß-, Urteilsprecher*. – DWb. 10/2, 1; Els. 2, 557; Fischer 5, 1577; Pfälz. 6, 328; Schweiz. 10, 817; Südhess. 5, 1223.

**Sprechere** f.: FlN O.eggenen; *in der sprächere* Bad. Flurn. III 1, 39; eb. als „Personifzierung einer Wiese" betrachtet; zum FN → *Sprecher 2* (vgl. eb.); zum Lemmaansatz vgl. → *Johlere*.

**Sprecherin** *šbrȩ́χərin* Buch (Waldsh.). – f.: ‚weibl. Person, die spricht', bes. Texte für einen best. Zweck (z. B. Nachrichten, Wetterbericht im Rundfunk/Fernsehen); *tsu̜m bai̯šbi̯l ku̜nt do̜ i̯mv sō i̯m wȩtrbȩri̯xt sō ȩ šbrę́χəri̯n dī šwȩdst dō waļi̯sv dialęgt* 2010 Buch (Waldsh.). – DWb. 10/2, 4; Schweiz. 10, 822; Pfälz. 6, 329; Südhess. 5, 1224.

**spreckeln** *šbrȩglə* Rheinbisch., Rust; Part.: *gšbregld* Handsch.; *gšbregld* Rheinbisch.; *gšbrȩgld* Rust; *gšbrȩglə̄d* Endgn; *gšbrvglə̄d* Reute (Emm.); *gšbrȩgələt* Liggersd. – schw.: **1)** ‚mit Farbtupfern versehen, bunt machen, sprenkeln' Lenz Wb. 14b, E. Dreher 22. – **2)** (Nachtrag zu → *gespreckelt*), nur im Part.: ‚mit grauen Strähnen durchzogen sein', vom Haar gesagt 1970 Endgn. – Abl. von mhd. *sprëckel* ‚Flecken auf der Haut, Sprenkel'. – Vgl. *gesprenkelt, sprickeln*. – DWb 10/2.1, 8; Fischer 5, 1577; Pfälz. 6, 330; Schweiz. 10, 861.

**spreck-(gäcke)lig** *šbrvklig* Reute (Emm.); *šbrȩggəlig* Bärent. – Adj.: ‚scheckig, gefleckt, getüpfelt', von Fell, Gefieder, Stoff u. a. eb. – Mhd. *sprëcke-, sprickelëht*. – Vgl. *tupfet, gäckelig 3, scheckicht*. – DWb. 10/2.1, 8 (*spreckelig*); Els. 2, 558 (*spricklig*); Fischer 5, 1577 (*spreckelet*); Pfälz. 6, 329 (*spreckelig*); Schweiz 10, 859 (*sprȩ̄g(e)läch*). 862 (*sprȩglich*); Südhess. 5, 1224 (*spreckelig*).

**Spreck-gras** n.: PflN ‚Gemeine → *Quecke I*, Elymus repens, ehem. Agropyron repens'; *špräckgras* 1939 Kleinkems, Winterswlr, Binzen; s. a. Kt. → *Quecke* (Bd 4, 160). – Wohl durch Assim. aus *Sprett-* bzw. *Spräitgras* (vgl. Schweiz. 2, 797) entstanden. – Vgl. *Sprickgras*.

**Sprei** ‚Bettdecke' → *Spreite*.

**Spreidel** m.: ‚klein gespaltenes Holz, → *Spreiß(en) 2*' Bodensee/Alem. 11, 195. – DWb. 10/2.1, 10; Fischer 5, 1577.

**spreien** → *spreuen*.

**Spreißel** *šbrais(ə)l* verbr. in N-Baden bis Uffgau u. Pfinzgau sowie um Bühl (Rast.), mit folgenden Ausnahmen: *šbraisdl* Dertgn; *šbreisl* Eiershm, Hochhsn (Tauber), Werb., Bruchsal, St. Roman; *šbrȩi̯sl* Pforzhm; *šbraesəl* Mannhm, Boxbg, Bruchsal, Karlsr.; *šbruisl* Ottenhöfen, Steinach; *šbris(ə)l, -i̯-* verbr. nördl. Schwarzw. an Murg u. Oos, Hundsb., ob. Renchtal, unt. Kinzigtal, ob. Schuttertal u. um Etthmmünster, Hinterztn, Stahrgn; *šbrisələ* Freiamt, Elztal, Stühlgn; *šbrīs(ə)l, -i̯-* Wolfachtal, Halbmeil; *šprīsələ* Kappel i. T., Möhrgn; *šprīsəl* Überlgn a. B.; Dim.: s. → *Spreiß(en)*, wohin alle Dim. gestellt wurden, da sie nicht eindeutig zuordenbar sind. – m., f. (Brettent., U.biederb.): **1)** ‚kleiner Holzsplitter, dass. wie → *Spreiß(en) 1*' Platz 305, Roedder Vspr. 532, H. Schmitt[2] 85, Lenz Wb. 67, Frei Schbr. 154, Humburger 175, Liébray 278, Bruhr. 157, O. Sexauer 100, Odenwald MPh. 101, Meis. Wb. 178, Rittler 130, Ruf 37, R. Baumann 86, Schmider KK 91, Schwendemann Ort. 1, 6, Zaisenhsn/ZfdMu. 1908, 66, eb. 1909, 178, Ottersw./eb. 1913, 363, Bühl (Rast.)/eb., Achern/eb., O.weier (Rast.)/eb. 1916, 305, Baden-B./eb. 1917, 161; *'s Kind hat en Spreissel* Karlsr./Bad. Heim. 1916, 51; *I hewwvn Spreisl drin* ‚ich habe einen Holzspan unter der Haut' Söllgn (Durl.); *Ich hebb en Schpreißel unnerm Fingernaggel* Lehr Kurpf.[2] 143; *Go̜ng, mo̜ch mr dr Schbrissele üs äm Düüme* Meier Wb. 124, ähnl. Dischinger 185; *d' Groosmudda had gsaagd: was däa Schbraisl aaidad un ged näd raus? Doo machama graad Undumblädda (→ Undumblätter) druf, des züigds raus* Wagner 186. – **2) a)** ‚einzelner Stab am Leiterwagen' Überlgn a. B.; vgl. *Spreuße*. – **b)** ‚Leitersprosse' 1923 Stahrgn; vgl. *Seigel 1*. – **3) a)** Übern. für einen kleinen Mann Frei Schbr. 154. – **b)** Übern. für einen Schreiner Bräutigam So 127. – Mhd. *sprīzel, sprīssel*, eine Nebenform von *sprïsse* ‚Splitter'. – Weiteres → *herausziehen*; vgl. *Raufenspreißel*; Syn. s. u. *Spreiß(en)*. – Fischer 5, 1579; Pfälz. 6, 331; Schweiz. 10, 938; Südhess. 5, 1225.

**spreißeln** *šbrai̯slə* Werthm, O.scheffl.; *šbrȩi̯slə* Hochhsn (Tauber); *šbraisələ* Hettgn; *šbrisvlə* Reute (Emm.); Part.: *gšbraisld* O.scheffl. – schw.: **1) a)** ‚sehr schnell (mit dem Wagen) fahren' Ehrmann 293, Hochhsn (Tauber), Hettgn. – **b)** ‚(mit großen Schritten) schnell gehen' Roedder Vspr. 532a, Wibel Mu. I, 93. – **2) a)** ‚zersplittern'; *do ho̜ds gšbraisld!* Platz 305. – **b)** ‚fein spalten' Reute (Emm.); vgl. *spächeln*. – Zu → *Spreißel*,

*Spreiß(en)*. – Vgl. *G(e)spreißel*; vgl. *sprengen*. – DWb. 10/2.1, 12; Fischer 5, 1580; Schweiz. 10, 939; Südhess. 5, 1225.

**Spreißel-welle** f.: ‚Gebinde von Latten, die für den Abfall bestimmt sind'; *einige tausend Spreiselwellen, 100 × 100 cm, waggonweise an Kohlen- oder Holzhändler zu verkaufen* 1950 LIPTGN (Zeitungsannonce).

**Spreiß(en)** šbreisə, -ẹi-, -əi- WIESLOCH, JÖHLGN, PFORZHM, SCHENKENZ., SCHILTACH; šbraisə BRETTEN, um PFORZHM; šbrisə, -ī- verbr. nördl. der Acher, AUENHM, KEHL, NORDRACH, verbr. südl. Ortenau, Breisgau, Kaiserstuhl, Markgräflerland entlang des Rheins bis HUTTGN; šprīsə, -ī- um BÜHL (RAST.), BURKHM, BUCHENB., HOFSGRUND, VILLGN, KLENGEN, SCHOPFHM, WEHR, entlang des Hochrheins v. KARSAU bis TIENGEN (WALDSH.), STÜHLGN; sprais ST. BLASIEN; šprisə INZLGN, HERTEN, PFULLEND.; šbrīs FURTWANGEN; šbrīsə, -ī- O.BERGEN, vereinz. südl. Schwarzw., sö. Markgräflerland, EGGINGEN; šprīsə MÖHRGN; šprẹisə SALEM; Dim. (kaum zu trennen vom Dim. v. → *Spreißel*, alle Bed. 2b): šbraisəli HETTGN; šbris(i)li REUTE (EMM.), EMMENDGN, WALDAU, REMETSCHWIEL; šbrīsəli, šp- MÜNCHW., NEUENWEG, SCHOPFHM, WEHR, WEIZEN, RANDEN; šprīs(i)li, šb- FURTWANGEN, GÜTENB., NEUDGN, MÜNCHW., RADOLFZ., SUNTHSN; šprīsele MÖHRGN, STÜHLGN. – m., f. (O.BERGEN): **1)** ‚kleiner Holzsplitter', oft als in die Haut eingedrungener Fremdkörper wahrgenommen O. SEXAUER 100 (um 1930 bereits nicht mehr gebräuchlich), BAUR 67, BURKART 42, WAHR 41, BRUNNER 262, KLAUSMANN BR. 14, MENG 133, A. MÜLLER 2, 100f., BECK 194, KIRNER 326, OTTERSW./ZfDMU. 1913, 363, BÜHL (RAST.)/eb., ACHERN/eb., EICHSTET./eb., MÜLLHM/eb. 1917, 161; ᵊn šbrẹisə ins fīdlə (in den Hintern) 1978 SCHILTACH; *i hā en šprīsə im dūmə* (Daumen) SCHÄUBLE WEHR 138; *wänn-dr dr Schbrissá glii rüsbíghummá háddsch, wáar-s dr níd vráiedered* (vereitert) NOTH 331. – **2) a)** ‚kleines Holzstück'; 1498 *das er ain spris nach dem andern in die mur bracht* (als Trittleiter zum Ausbruch aus dem Turm) HUG VILL. CHR. 4; *mer henn kei Sprise liege lo* DORN 52; *daß die weißen Splitter und Sprießen hervor flogen* BURTE WILTF. 98. – **b)** nur Dim.: ‚Anfeuerholz' HETTGN, 1962 SCHENKENZ., SCHWENDEMANN ORT. I, 91, REUTE (EMM.), EMMENDGN, 1978 WALDAU, SIEFERT 146, 1933 SCHOPFHM, SCHÄUBLE WEHR 138, ELLENBAST 68, STRUBE TÄIK 106, FLEIG N. 15, REICH BAAR. ID. 9, KRAMER GUTMADGN 280, KIRNER 326; *šprīsele mache* STÜHLGN; *ä Bindili Schprissili* A. MÜLLER 2, 100; *e Zaine voll Sprissili* ST. MÄRGEN/SCHULHEFT 1970, 25; *tsụm āfīrə hẹ-bmər hald als šbrisịlị gmaxd* 1977 NEUST. – **3)** ‚dürrer, hagerer Mensch' SCHÄUBLE WEHR 138; vgl. *Sprenzel 1*. – Mhd. *sprīsse* ‚Splitter', das vom Vb. *sprīssen* ‚in Splittern auseinanderfliegen' abgeleitet ist, vgl. SCHWEIZ. 10, 929 (unter *Spriss*). – Weiteres → *fangen 3a*; vgl. *Schliffer, Spachen, Speidel 3, Speißen, Spreißel 1, Sprieße 2*. – ALA I, 266; DWb. 10/2.1, 10; Els. 2, 561; Fischer 5, 1578; Klausmann KSA Kt. 13; Pfälz. 6, 332; SDS IV, 29; SNBW V/11; VALTS V, 33.

**spreißig** šbrisig REUTE (EMM.), FREIB. – Adj.: ‚splitterig, mit vielen → *Spreißen 1*' 1949 FREIB.; *Des Schtuck Holz isch so schbrissig* REUTE (EMM.). – DWb. 10/2.1, 13; Els. 2, 562; Fischer 6/2, 3161. 3164; Schweiz. 10, 940.

**Spreißlerei** f.: dass. wie → *G(e)spreißel* WERB. – Zu → *spreißeln 1a*.

**Spreit** šbrād Taubergrund. – m.: **1)** ‚Netzwurf', Fischerspr. Hanauerland FLUCK 57. – **2)** FlN Taubergrund HEILIG GR. 43. – Zu → *spreiten*.

**Spreite** šbrē, šbrę̄ HEIDELBG; šbrẹid KAPPELWI.; šbrāid ALTENHM; šbrǭəte so u. ä. REICHENAU, HAGNAU. – f.: **1)** ‚(Schmuck-, Zier-)Bettdecke, Überdecke' HEIDELBG/KRETSCHMER 603, eb./BAD. HEIM. 1917, 82, HALBERSTUNG; *die Spreit* SCHERZHM. – **2) a)** ‚Reihe gemähten Getreides' BURKART 62. – **b)** ‚Gras oder Heu, das ausgebreitet auf der Wiese liegt'; *uf dər šbrāid lẹiə* ALTENHM; vgl. *Spratt, Zatte*. – **3)** ‚Platz zum Ausbreiten, Aufhängen, Trocknen von Fischernetzen' MÖKING 36, HAGNAU. – **4)** ‚Fischernetz' BAUM HUUS 103; *Un spöcht* (→ *spächten*) *wie dur e Spraite / Us dere chlaine Welt* eb. 81. – Zu mhd. *spreiten* ‚ausbreiten, überdecken'. – Vgl. *Bettsprei(te)*. – DWb. 10/2.1, 10. 13; Els. 2, 562; Fischer 5, 1580; Pfälz. 6, 332; Schweiz. 10, 963; Südhess. 5, 1225.

**spreiteln** šbrādlə BRÜHL, OTTERSW.; šbraidlə, -i- verbr. südl. Ortenau u. nördl. Breisgau; Part.: gšbraid(ə)ld RINGSHM, MÜNCHW. – schw.: ‚gleichmäßig verteilen, streuen, ausbreiten', insbes. Mist auf dem Feld, aber auch Gras oder Hanf zum Trocknen 1919 RINGSHM, SCHWENDEMANN ORT. 3, 41. 90, KLAUSMANN 144. Kt. 161, BRÜHL/ZfDMU. 1913, 363, OTTERSW./eb.; 1919 RINGSHM, ähnl. WASENWLR; *də mešd šbraidlə* 1956 N.HAUSEN. – Nebenform zu → *spreiten* (Syn. s. d.). – Vgl. *spratteln 1*. – DWb. 10/2.1, 13; Els. 2, 562; Fischer 5, 1578 (andere Bed.); Pfälz. 6, 333; Schweiz. 10, 965; Südhess. 5, 1225 (andere Bed.).

**spreiten** „schbroode" TEUTSCHNEUREUT (= NEUREUT); šbraidə, -ai-, -āi- ZAISENHSN, WELSCHNEUREUT (= NEUREUT), JÖHLGN, SÖLLGN (DURL.), PFAFFENROT, WEISSENSTEIN, mancherorts zw. Alb u. Dreisam, ST. GEORGEN (FREIB.), O.RIED; šbrẹidə, -ẹi- MALSCH (ETTL.), mancherorts Raum BÜHL (RAST.), AUENHM, ALTENHM, O.HARMERSB., SIEGELAU; šbrēdə HÜGELSHM, SINZHM, verbr. entlang des Rheins zw. GREFFERN u. ALTENHM (oft neben šbraidə); šbrādə ALTENHM; šbrǭətə, -ǫə-, -d- SCHILTACH, ERDMANNSWLR, verbr. Raum STOCKACH, DETTGN, MIMMENHSN; šbroatə MÖHRGN; šbroitə SCHWÄBLISHSN; Part.: gšbrait MÖRSCH, RHEINBISCH.; gšbrẹid OTTERSW.; gšbrēt BODERSW.; gšbrǭədəd SCHILTACH; gšbrāidəd, -ai- FURTWANGEN, NEUK.; gšbrǭətət KONST. – schw.: **1)** dass. wie → *spreiteln* P. WAIBEL 283, SCHWARZ 77, WEISSENSTEIN, RUF 37, G. MÜLLER 25, Raum BÜHL (RAST.)/SSA-AUFN. 76/7, HEBERLING 32, R. BAUMANN 85, R. BAYER 23, BURKART 62, MENG 81, FOHRER 183, SCHMIDER KK 91, SCHILTACH/SSA-AUFN. 140/1, BAUR 69. 147. 268. Kt. 127, KLAUSMANN 144. Kt. 161, ELZACH/SSA-AUFN. 76/7, FLEIG 120, ERDMANNSWLR/BESCH 43, M. BRAUN 141, WAHR 11. 52f., ST. MÄRGEN/SCHULHEFT 1968, 35, HEBEL 43, 33, E. DREHER 45, FUCHS 63, BONND. (ÜBERLGN)/SSA-AUFN. 140/1, eb. 158/4, JOOS 241, 1908 SCHWÄBLISHSN, ZAISENHSN/ZfDMU. 1907, 275, RHEINBISCH./eb. 1912, 349, OTTERSD./eb. 1914, 344, BODERSW./ALEM. 24, 144; *Mischd spraedə* SÖLLGN (DURL.), ähnl. MIMMENHSN, 1957 GREFFERN; *šōrə šbrẹidə* ‚die frisch gemähten Grasschwaden auseinandernehmen, -werfen' 1956 SASBACHRD, ähnl. MOOS (BÜHL)/SSA-AUFN. 76/7, BÜHLERT./eb., HUNDSB./eb.; *hanf schbreidä* SIEGELAU/ALEM. 25, 58; *ausnandr šbroadə* SCHILTACH; *Im Herbscht duat mer dro de Lösch* (→ *Lösch 1a*) *schpraite* O. FWGLR 54; *Am nämliche Nachmittag aber seh ich, …, ‚s Burgele* (Eigenname), *wie es auf dem Grasplatz vor ihrem Haus Garn spreitet* REICH WANDERBL. 11. – **2)** ‚das Auswerfen des Legwurfnetzes (→ *Spreitgarn*) sowie das Fischen mit diesem', beim Spreiten, für das zwei Mann erforderlich sind, wird nach dem Auswerfen des Netzes mit dem Ruder auf die Wasseroberfläche geschlagen oder es werden Steine ins Wasser geworfen, um die Fische ins Netz zu treiben, Fischerspr. Hanauerland/FLUCK 217. 222, westl. Hochrhein/BLMARKGR. 1919, 50. 82; Substantiviert: *šef dsum šbrẹidə* (dass. wie → *Spreitschiff*) AUENHM/FLUCK 57. – Mhd. *spreiten* ‚ausbreiten, überdecken'. – Weiteres → *Lösch 1, Örliger, III Schar 1a*; vgl. *auseinander-, verspreiten*; zu Bed. 1 vgl. *I brechen 4b, breiten, verstreuen 1, verteilen 1a, rozen 1b, spratteln 1, spreiteln, spreuen, warben, zetteln*. – DWb. 10/2.1, 13; Els. 2, 562; Fischer 5, 1580; Pfälz. 6, 333; Schweiz. 10, 951; SDS VIII, 180; Südhess. 5, 1225.

**Spreit-garn** *šbraidgārn* GRAUELSBAUM, HELMLGN, ALTENHM; *šbraid-, šbrạ'dgō'n* GREFFERN, DIERSHM, LEUTESHM, NEUMÜHL; *šbrẹdgo'n* FREISTETT, MARLEN; *šbrād-, šbrẹidgō'n* AUENHM. – n.: ‚kegelförmiges Legwurfnetz für die Kleinfischerei, teils auch für den Lachsfang', wird über dem Wasser ausgebreitet u. mit einem Seil im Wasser zusammengezogen, wichtigstes Netz für den Rheinfischfang FLUCK 216f., MENG 215, BLMARKGR. 1919, 49; mit Foto u. Zeichnung: Fritz Schülin, Die einstige Fischerei in der Bannmeile von Basel (Fortsetzung), in: Die Markgrafschaft 1968/H. 3, S. 8ff. – Vgl. *Plütsch-, Wurfgarn*. – DWb. 10/2.1, 13; Fischer 5, 1581; Schweiz. 2, 424.

**Spreit-gärner** m.: ‚Fischer, der mit dem → *Spreitgarn* fischt' FLUCK 111; 1820 den Auenheimer Fischern wird verboten, dort mit anderen Garnen zu fischen, *wo unsere Spreit Gärner halten* eb.

**Spreitgarn-wurf** m.: ‚Stelle, an der das → *Spreitgarn* ausgeworfen werden soll' BLMARKGR. 1919, 50.

**Spreitling** in → *Glattspreitling*.

**Spreit-schiff** *šbrẹidšif* HELMLGN, AUENHM; *šbrẹdšif* FREISTETT. – n.: ‚Fischerkahn zum Fischen mit dem → *Spreitgarn*' FLUCK 56. – Vgl. *Weidling*.

**Spreize** *šbraids* FREIB. – f.: ‚Zigarette'; *ə šbraids drịlə* (drehen) 1932 eb. – Wahrsch. so ben., weil die Zigarette zw. den gespreizten Fingern gehalten wird (vgl. MUTTERSPRACHE 1936, 495). – Vgl. *Sargnagel 2*. – Fischer 6/2, 3161; Pfälz. 6, 334 (*Spreizel*); Schweiz. 10, 928; Wolf R. 5481 (*Spreitzen*).

**spreizen** *šbraidsə* mancherorts Kurpfalz, Bruhrain, OTTERSD. (hier neben *šbrẹdsə*); *šbräitsə* O.WEIER (RAST.); *šbreidsə* ALTENHM. – schw.: **1) a)** ‚(etw.) an den Enden trennen, ausbreiten' FREI SCHBR. 154, RUF 37, FOHRER 38, OTTERSD./ZFDMU. 1914, 344; *d Fingr schbräitzə* REUTE (EMM.). – **b)** refl. ‚breit/steif hinstellen' O.WEIER (RAST.)/ZFDMU. 1916, 288. – **2)** refl. ‚widersetzen' BRUHR. 157; *doodagejä deedisch misch schbreidsä* FREI SCHBR. 154. – Ahd., mhd. *spriuzen* ‚sich ausbreiten', vgl. KLUGE 691. – Vgl. *Hanfspreizen*; vgl. *sperren 2. 3a, sprauzen*. – DWb. 10/2.1, 19; Fischer 5, 1581; Pfälz. 6, 334; Schweiz. 10, 928; Südhess. 5, 1226.

**Spreiz-holz** *šbraidshols* GRAUELSBAUM. – n.: ‚hölzerner Stab am Zugnetz, der dieses strafft', Fischerspr., von seinem Ende geht eine Leine aus, die sich mit der gegenüberliegenden Leine nach etwa einer Stablänge als Fixpunkt der Zugleine trifft FLUCK 181. – Pfälz. 6, 334; Südhess. 5, 1227.

**Spreiz-klaue** f.: ‚pathologische Verformung der → *I Klaue 1a* beim Rind oder allg. Wiederkäuern', meist Pl.: *šbrẹidsglōjə* FOHRER 162.

† **Sprenge** f.: FlN MÜHLHSN (SING.); 1712 *bey der Sprenge* W. SCHREIBER ZW. 531. – Etym. viell. nach bei uns nicht bel. † *Springe* (f.) ‚Ursprung, Quelle' (vgl. FISCHER 5, 1588), vgl. jed. auch SCHWEIZ. 10, 883. – Südhess. 5, 1235 (*Springe*).

**Sprengel** *šbreŋl* HANDSCH.; *šbreŋl* REUTE (EMM.). – m.: **1)** PflN, ‚eine Art → *Reps*, Ölrübe, Brassica Rapa var. oleifera' LENZ WB. 67a, badische Bergstraße/PRITZEL-JESSEN ² 66b, eb./MITTEIL. 1915, 377; in einem alten Volkslied reimt sich auf Engel: *ihr Härlein gelb als ein Sprengel* (aus einer Liedersammlung um 1540). – **2)** ‚Gebiet'; *dr ganz Schbrängl* REUTE (EMM.), vermutl. verallg. von ‚Amtsgebiet eines Bischofs' (s. u.); vgl. *Pfarrei*. – Zu mhd. *sprengel* ‚Büschel, bes. zum Spritzen von Weihwasser, Weihwedel'; seit dem 16. Jh. auch in der übertr. Bed. ‚Amtsgebiet eines Bischofs' bel. (vgl. KLUGE 691). – Vgl. *Rübsprengel*; vgl. *Dreikar*. – DWb. 10/2.1, 26; Fischer 5, 1581; Marzell 1, 659; Pfälz. 6, 335; Südhess. 5, 1227.

**sprengeln** *šbreŋlə* MAHLBG. – schw.: ‚rasch laufen', von Mensch und Vieh, eb. – Vgl. *springen 2a*. – Pfälz. 6, 335; Schweiz. 10, 869 (*sprängelen*); Südhess. 5, 1227.

**sprengen** *šbreŋə* mancherorts in ganz Baden; *šbreŋə* O.-SCHEFFL., RAPP., ROHRB. (EPP.); *šbreŋv* REUTE (EMM.); *špreŋə* WEHR; *špreŋə* RADOLFZ.; Part.: *gšbreŋt* O.SCHEFFL., RAPP.; *gšbreŋt, -e-* TENGEN; *gšprəŋt* WEHR. – schw.: **1) a)** ‚jem. schnell laufen, springen lassen, schicken, hetzen' LIÉBRAY 278, HOFSTET., L. VEITH 167; *numme nit gsprengt ihr Manne* ‚nur langsam' GLOCK BREISG. 16; *dər hot mi əbəs gšbreŋt* ROEDDER VSPR. 532a; *wòrum hèsch mi jetz wüder dəhäär gsprängt?* SCHÄUBLE WEHR 72; *d' Dökter hen's vun eim Bad in's ander g'sprengt* GANTHER STECHP. 134; vgl. *jäukern*. – **b)** ‚beim Reiten das Pferd schnell laufen, springen lassen' LIÉBRAY 278, ROEDDER VSPR. 532a, O.WEIER (RAST.)/ZFDMU. 1916, 288; *i fär šu öm eins dəheim fut - suns mues i s ros z ärig šbreŋə* HOFSTET.; *Do geht e Burgdhor uf, schperrangelweit, / E Ridder schprengt voraus, die Knabbe hinnedreiñ* NADLER 177. – **c)** ‚schnell fahren (mit einem Fuhrwerk)' ST. GEORGEN (FREIB.), MÜHLGN; vgl. *kariatzen*. – **d) α)** ‚(jem. zu Ehren) eine Scheibe schlagen' HERRISCHRD, zum Brauch vgl. → *Scheibenschlagen*. – **β)** in SCHÖNBRUNN bei EBERB. wurde am Fastnachtsabend das Feuerrad *gesprengt* MEIN HEIMATL. 1926, 11. – **2)** ‚Objekt (z. B. mit Dynamit) zum Zerbersten bringen' SCHÄUBLE WEHR 72, L. VEITH 167; *n šdāī šbreŋə* ROEDDER VSPR. 532a; *ebəs in d lufd šbreŋə* FITTERER 242; übertragen: *g'sprengt isch 'r worre, awwer nit mit Bulver un Dinamit, mit ganz ebbis anderscht* GANTHER STECHP. 128; *Ach! ich schpreng doch nie meiñ Lewensbande!* NADLER 185. – **3) a)** ‚spritzen' (Wasser oder Flüssigkeit) R. BAUMANN 85, ELLENBAST 68, REUTE (EMM.); Syn. s. → *spritzen*. – **b)** ‚verteilen, streuen' von z. B. Samen HEBEL 10, 19; vgl. *spreiteln, zotteln*. – **4)** Substantiviert als nicht näher beschriebenes Kinderspiel NEUSATZ; vgl. *Sprenger 2*. – **5)** dass. wie → *springen 1a*; *un duftig an de Bäume hengt / un Brucken übers Wasser sprengt* HEBEL 48, 49. – Mhd. *sprengen*, Kausativbildung zu → *springen*. – Weiteres → *gelten, Samenköpfle, Schlächtenhaus*; vgl. *ab-, aus-, davon-, ver-, hinein-, umeinandersprengen, Gespreng*. – DWb. 10/2.1, 28; Els. 2, 558b; Fischer 5, 1581; Pfälz. 6, 335; Schweiz. 10, 869; Südhess. 5, 1228.

**Sprengen-mühle** f.: FlN MÜLLHM; Standort/Name einer ehemaligen → *Mühle 1* (bis um 1870) W. FISCHER 201; 1428 *Sprengenmüli* eb.; 1529 *bey der Sprengen Mülly* eb.; 1651 *Sprengen Müllin* eb.; 1759 *hinter der Sprengen-Mühl* eb.; 1859 *bei der Sprengenmühle* eb. – Ben. nach der Familie *Sprenge*, den ersten Besitzern (vgl. eb.). – Dazu auch die FlN *Sprengenmühlbach, -feldele, -garten, -gasse, -weg, -wäldele* eb. 201f.

**Sprenger** m.: **1)** ‚Verteilerkopf/Brause an Gießkannen u. Gartenschläuchen' ELLENBAST 68; vgl. *Sprenzer 1a*. –

**2)** ‚Metallknopf für das nicht näher beschriebene Kinderspiel *Sprengen* (→ *sprengen* 4)' NEUSATZ. – **3)** FN 1441 NEUENB. STADTR. 169, verbr. auch bes. im Hegau u. Linzgau KDFA 431, KLAUSMANN FN 151. Kt. 65; wohl urspr. Übern. nach der Art der Bewegung (→ *sprengen* 1) KDFA 430. – Vgl. *Bode(n)sprenger*; vgl. *Springer* 4. 5. – Schweiz. 10, 884 (als FN).

**Sprengerles** in → *Kettensprengerles*.

**Sprengers Wäldele** n.: FlN MÜLLHM; 1694 *im Himmelreich ... gegen Rhein an Sprengers Wäldelin* W. FISCHER 202. – Laut eb. wohl dass. wie *Sprengenmühlwäldele* (s. u. → *Sprengenmühle*).

**Sprenge-wiese** f.: FlN, Wiesenland MÜHLHSN (SING.); 1874 *Sprengewies* W. SCHREIBER Zw. 531.

† **Spreng-graben** m.: FlN MÜHLHSN (SING.); 1712 *bey dem sprenggraben* W. SCHREIBER Zw. 531.

† **Spreng-halden** f.: FlN KIPPENHM; 1678 *auf der Sprenghalden* W. KLEIBER KIPP. 95.

**Spreng-kraut** *šprẹ̄ŋkrut, -ē-* UNZH. – n.: PflN. **1)** ‚Waldbingelkraut, Mercurialis perennis', „bläht das Vieh" eb./MITTEIL. 1933, 304. – **2)** ‚einjähriges Bingelkraut, Mercurialis annua' 1924 eb./ZIMMERM. HS. – Vgl. *Vögelkraut* 3, *Franzosengras*, *Nachtschatten* 1c.

† **Spreng-kugel** f.: ‚mit *Sprengstoff* u. ä. gefüllte Kugel' BÜRSTER 60. – Weiteres → *Ernstkugeln*; vgl. *Feuerkugel*, *Granate* 1. – DWb. 10/2.1, 43; Fischer 5, 1583.

**Spreng-meister** *šprẹ̄ŋmaištr* REUTE (EMM.), U.METTGN. – m.: ‚Facharbeiter, der Sprengungen durchführt oder leitet/beaufsichtigt'; *ix max ja šu ūbr ə jōr nįmr šbrẹ̄ŋmaištr* 1971 U.METTGN. – Zu → *sprengen* 2. – Pfälz. 6, 336; Südhess. 5, 1228.

**Spreng-stoff** *šbrẹ̄ŋšdof* REUTE (EMM.), U.METTGN. – m.: ‚Substanz, bei der durch Zünden große Gasmengen mit starker Explosionskraft entstehen'; *obwōl dā də šbrẹ̄ŋšdof wegəmə fųxə* (→ *Funken* 1) *nįt lōsget* 1971 U.METTGN. – Zu → *sprengen* 2. – Vgl. *Pulver* 3a, *Dynamit*. – DWb. 10/2.1, 44.

**Sprenke** → *Sprinke*.

**sprenkeln** schw.: **1)** ‚(einen Wagen) mittels Kette u. Bengel spannen'; „sprengle" 1920 LAUDENB.; vgl. *brüchen* 1. – **2)** nur als Part.: ‚bunt, getüpfelt'; vgl. *gesprenkelt*, *spreckeln*. – DWb. 10/2.1, 49; Pfälz. 6, 338; Südhess. 5, 1230.

**Sprenzel** *šbrǫndsəl* MÜNCHW.; *šbrẹndsəl* so u. ä. MÜNCHW., BÖTZGN mancherorts ob. Markgräflerland; *šbrandsl* SCHLÄCHTENHAUS; *šbrẹntsl* LÖRRACH, SCHOPFHM; *šprǫndsəl* WEHR; Pl.: *šbrendslə* VÖRSTET. – m.: **1)** ‚Verbindungsholz zwischen den Tragebalken einer Zimmer- oder Stalldecke' BÖTZGN. – **2)** ‚magerer, hagerer Mensch' SCHWENDEMANN ORT. I, 36, 1932 VÖRSTET., GLATTES 33, TRAUTWEIN 3, VORTISCH 19b; *ə dūrə šbrandsl* 1978 SCHLÄCHTENHAUS; *des iš ə dürer Sprensel* 1920 FREIB., ähnl. BÖTZGN; *qr iš nų so en šprǫndsel* SCHÄUBLE WEHR 138. – Mhd. *sprenzel* ‚Leitersprosse, Geck'. – Vgl. *Turnips* 2, *Dürrständer* 2, *Flatterich*, *Gackel* 2b, *Gottesackerknochen*, *Hering* 2, *Klammhaken* 3a, *Kleppergestell*, *Magerle*, *Schnägeres*, *Schnake* 2a, *Schneider* 2a, *Spachen* 4, I *Spagat* 2, *Spießer* 1b, *Spreiß(en)* 3, *Stakel*. – DWb. 10/2.1, 51; Els. 2, 561a; Schweiz. 10, 917.

**Sprenzel-holz** n.: ‚hölzerne Sprossen zur Füllung der Fächer einer Fachwerkwand'; *bsunders guət Schbränzelholz beim Riegelwändeboi* (Riegelwändebau) REUTE (EMM.). – Vgl. I *Riegel* 2a.

**Sprenzen** *šbrǫndsə* RINGSHM. – Pl.: ‚Hirngespinste' 1919 eb. – Vgl. *Sperenzen*. – Els. 2, 561 (andere Bed.).

**sprenzen** *šbrẹnd(ə)s(ə)* MÖRSCH, BIETIGHM, O.WEIER (RAST.), SANDW., ROTENFELS, RHEINBISCH., HERRENWIES, ERBERSBRONN, KIRSCHBAUMWASEN, HUNDSB.; *šbrẹnsə* AU A. RH.; *šbrẹnsə* WINTERSD., AUENHM; *šbrẹįnsə, šbrẹ̄nsə* PLITTERSD.; *šbrẹindsə* OTTERSD.; *šprẹ̄ntsə* SINGEN A. H. – schw.: **1) a)** ‚(be-)gießen', v. a. Pflanzen, aber auch Hof u. Straße GRABEN/UMFR., 1921 MENZGN, RITTLER 130, RUF 37, SCHRAMBKE 89ff., HEBERLING 13, RHEINBISCH., BAUR 269, GRABEN/BAD. HEIM. 1916, 51, KARLSR./eb., HEGAU/DER HOHENTW. 1924, 73; *Von owwe runter duht der Dusch* (= die Dusche) ... *schprenze* ROMEO ALBTALD. 70; *Wenn's morn nett reiget, mieße mer im Gaarde spränze* SANDW./PFLÜGER HS. 183. – **b)** ‚(etw. mit) Wasser (be-)spritzen, (be-)sprengen' 1976 JÖHLGN, FITTERER 243, RITTLER 130, SANDW., BAUR Kt. 90, O.WEIER (RAST.)/ZFDMU. 1916, 288, BADEN-B./eb. 1917, 161, W. SCHREIBER 22; 1566 *dz angesicht offt mit frischê kaltê wasser sprentzen* PICT. LEIBS ARTZ. 90b. – **c)** ‚regnen' FITTERER 243, BADEN-B./ZFDMU. 1917, 161. – **d)** ‚urinieren' BRUHR. 157. – **2)** ‚schnellstmöglich reiten' O.WEIER (RAST.)/ZFDMU. 1916, 288. – Mhd. *sprenzen* ‚sprengen, spritzen'. Wohl urspr. *sprengezzen*, Intensivum auf *-ezzen* zu mhd. *sprengen*, vgl. KLUGE 691. – Vgl. *gießen*, *sprengen*, *spritzen*. – DWb. 10/2.1, 51; Els. 2, 561a; Fischer 5, 1583; Pfälz. 6, 338; Schweiz. 10, 922.

**Sprenzer** *šbrẹn(d)s(ə)r* WERTHM, NEUENBÜRG, NEUBURGW., BÜHLERT., KAPPELWI., RHEINBISCH.; *šbrendsə* JÖHLGN, MÖRSCH; *šbreinsər* OTTERSD.; *šbrẹntsvr* O.WEIER (RAST.); *šbränsr* AUENHM. – m.: **1) a)** ‚Brause, siebartiger Aufsatz zum Zerstäuben von Flüssigkeit', insbes. für die Gießkanne WERTHM, SCHWARZ 77, FITTERER 243, RUF 37, R. BAUMANN 85, BURKART 123, RHEINBISCH., MENG 265, OTTERSD./ZFDMU. 1914, 340, KARLSR./BAD. HEIM. 1916, 51, „zum Ausspritzen von Wasser vor dem Auskehren" E. SCHNEIDER DURL. 223; *də šbrendsər* 1978 NEUBURGW.; *ųn dō* (am → *Güllenfaß*) *wā sō n braidə šbrensər danə, dō iš das gands braid nausgšbridsd* 1980 NEUENBÜRG. – **b)** ‚Ausgußrohr (Mundstück) einer Gießkanne' O.WEIER (RAST.)/ZFDMU. 1916, 288. – **c)** ‚Blechgefäß, mit dem der zu reinigende Fußboden mit Wasser besprengt wird', „nicht mehr im Gebrauch" O.WEIER (RAST.)/ZFDMU. 1916, 288; vgl. *Läpperbecher*. – **2)** ‚kurzer Regen' FITTERER 243. – **3)** ‚junger, unreifer Kerl' BURKART 123. – Zu → *sprenzen*. – Vgl. *Gießkannenbrause*, *Sprenger* 1, *Sprenzkopf*, *Spritzer* 3a. – Els. 2, 561a; Fischer 5, 1584; Pfälz. 6, 339.

**Sprenz-kanne** „Schbrännzkònn" BIETIGHM. – f.: ‚Gießkanne' RITTLER 130. – Vgl. *Spritzkanne*.

**Sprenz-kopf** m.: dass. wie → *Sprenzer* 1a LICHTENT. – Pfälz. 6, 339.

**Spreu, Spreu(e)l, Spreuer** *šbraüər* WERTHM; *šbraüə* TAUBERBISCH.; *šbreul* PÜLFRGN; *šbrẹi(ə)l, -ei-* O.SCHEFFL., ROSENBG, DURLACH, mancherorts am Bodensee; *šbroi* verbr. Kurpfalz; *šbraiə, -v* HANDSCH., RAPP., ROHRB. (EPP.), ZAISENHSN; *šbrau* HOCHSTET. (LINK.), KUPPENHM, AUENHM (neben *šbrǫu*); *šbrei(ə)r* PFORZHM, SCHILTACH, ISTEIN, LIGGERSD., SENTENHART, MINDERSD.; *šbrai* um MÖRSCH, HÖRDEN, SINZHM, NORDRACH, O.BERGEN, TENINGEN, HERDERN (neben *šprȫi*), KAPPEL (NEUST.); *šbraulə* mancherorts am Rhein zw. AU A. RH. (neben *šbrē, šbr(o)uəl*) u. LICHTENAU, BÖTZGN; *šbrouəl* um ELCHESHM, ALTENHM (neben *šbrȫülə*); *šbroudl* O.WEIER (RAST.); *šbroulə* mancherorts am Rhein v. HÜGELSHM bis HONAU (neben *šbroul* u. *šbrȫwl*); *šbro(u)gl* HÖR-

DEN, WEISENB., OTTENHÖFEN; *šbröü* KORK; *šbrẹi, -ei, -əi* nördl. Schwarzw. um ERBERSBRONN, verbr. Wolfachtal (neben *šbrei(ə)lə*), SEELB., MÜHLENB., WYHL, GLOTTERT., um RADOLFZ., BONND. (ÜBERLGN), MARKELFGN, PARADIES; *šbröülə* GENGENB.; *šbrp̨il(ə)* FRIESENHM, RUST; *šbrā* MÜHLGN; *šbrī(ə)r* um SCHILTACH, REISELFGN, STAHRGN; *šbrīr, -i-* BRIGACH, mancherorts Baar, SAIG, KAPPEL (NEUST.), verbr. am Bodensee um STOCKACH u. ÜBERLGN A. B.; *šbrǖ(ə)r* TANNENK., HAUGN, REMETSCHWIEL, LÖRRACH (Anf. 20. Jh. echt mu. neben neuer *šbröüər*), SINGEN A. H., WANGEN (HÖRI), REICHENAU; *šbrərə* MAMB., WEHR; *šbrūr* GUTENSTEIN; *šbrp̨i(ə)l* SCHWÄBLISHSN, KLUFTERN, HAGNAU; Pl.: wie Sg. O.SCHEFFL., GENGENB., RUST; *šbraiv* HEIDELBG, MÖNCHZ.; *šbræül* HETTGN; *šbrp̨uərə* RHEINBISCH.; *šbreiə* GRIESB. (FREUDENST.); *šbreilə* KNIEBIS; *šbreiələ* RIPPOLDSAU, O.WOLF.; *šbraul* PETERST.; *šbröüglə* SASBACHWA.; „*spraudeln*" O.ACHERN; *šbrouglə* SEEB. (ACHERN); *šbrouli* OTTENHÖFEN; *šbröülə* nördl. Schwarzw. um HUNDSB.; *šbrīər* um SCHENKENZ., um LANGENSCH., MÜHLGN; *šbrei(ə)r* DURLACH, MÜNCHW., verbr. am Bodensee um STOCKACH (neben *šbreiəl*) u. ÜBERLGN A. B.; *šprīr* ORSGN. - f., m. (PFORZHM, SCHILTACH, verbr. am Bodensee), n. (AU A. RH., NEUBURGW.); oft nur Pl. bel.: 1) ‚Hülse des Getreidekorns' 1895 ROSENBG/UMFR., FRICKGN/eb., ROEDDER VSPR. 532b, LENZ WB. 67a, LIÉBRAY 278, REICHERT 57, MEIS. WB. 178b, O. SEXAUER 102, BOGER 18, E. SCHNEIDER DURL. 223, WAGNER 186, F. SCHLAGER 45. 61, G. MÜLLER 36, HARTMANN 52, WILLINGER 59. 152, BAUR KT. 77, GESSER 90, VORTISCH 18a, BECK 40. 204, SCHÄUBLE WEHR 139, TH. MÜLLER 17. 45, FUCHS 8. 25. 63, E. DREHER 40. 58. 82, ZINSMEISTER 52, JOOS 175, ZAISENHSN/ZFDMU. 1907, 274; in MÖRSCH selten, dafür → *Aas 1* FITTERER 242; im Bes. ‚Hülse des Dinkels' HETTGN, MOOS (BÜHL), 1932 GENGENB., SCHWENDEMANN ORT. 3, 90, W. SCHREIBER 39, SINGER HÖRI 54, BONND. (ÜBERLGN), Mittelbaden/ZFDMU. 1913, 361, O.WEIER (RAST.)/eb. 1916, 305; in PÜLFRGN jedoch nur die in der Mühle entfernten Hülsen, sonst → *Süt; n hǖfə šbrīər* STAEDELE 17; *šbroᵘlə wegmax̨ə* LICHTENAU/SSA-AUFN. 110; *šbreiaʳ in sek naidaü* BONND. (ÜBERLGN)/eb. 112/3; in WERTHM legte man die Eier in Spreuer PLATZ 305; *Chorn un Spreu isch unterenander / Leset 's Führnehmst uus* HEBEL 58, 4; *Un wer da einer Kugel traut, / Der hat auf Spreu und Sand gebaut* NADLER 131; Ra.: *di Schbröi fum Wöödsä drännä* FREI SCHBR. 155; Volksreim: *Des glaab ich, des glaab ich / d Müller sen staabich / d Müller sen Herrn / Sie mahle die Spreuer / und verkaafe die Kern* 1894 ALLEMÜHL/UMFR.; Volksbrauch: Spreu wird in der Nacht vor dem erstmaligen Ausrufen des Paares in der Kirche in einer Spur vom Hause der Braut zu dem des Bräutigams gelegt 1894 ANGELTÜRN/UMFR.; andernorts wird am Verkündigungstag eines Brautpaares Spreu vom Haus des ehemaligen Liebhabers zur Kirche gelegt, was bedeutet, dass er nur noch die Spreu hätte, der andere jedoch das Korn 1894 ROSENBG/eb. 9. - † 2) ‚Tischabfälle'; *mit den spriuwan* BEITR. 38, 205f. (= GRIESHABERS PREDIGTEN 2, 78). - Ahd. *spriu*, Pl. *spriuuir*; schon im Mhd. gab es zahlreiche Nebenformen zu *spriu*, wie *spriuwes, spriuwer, sprúg, sprúhe* u. weitere; nach DWB. 10/2.1, 52 veranlasste die vorherrschende Verwendung des Wortes in kollektivem Sinn die Umdeutung des Pl. in einen Sg. mit fem. Genus; den Formen mit *-el* liegt evtl. eine Diminuierung zugrunde. Für ausführlicher etym. Angaben vgl. (neben DWB.) SCHWEIZ. 10, 972, zur Pluralbildung BEITR. 37, 499, zur Entwicklung von ahd. *iu* ZFDMU. 1921, 39. - Weiteres → *gerben 2, legen B1e, Rändel 1*; vgl. *Aas 1, Brühts, Putzete 3, Fesen 1b, Gehüsel, Gesiebs, Gespreuer, Gesüd, Groß, Grüsch 2, Güsel 1, Hälmen, Kefich, Müllet, Redhälmer, Redich, Schwund, Speißen 1c, Spelze.* - Els. 2, 556a (*Spreü*); Fischer 5, 1584; Pfälz. 6, 339; Südhess. 5, 1230; SUF IV, 36-38.

**spreuen** schw.: ‚ausstreuen, verteilen', besonders Mist auf dem Acker; *mischd schbrāiə* WAGNER 186. - Mhd. *spröuwen, spreuwen* (vgl. DWB. 10/2, 59). - Vgl. *spreiten 1.* - Pfälz. 6, 344; Schweiz. 10, 966 (*ússpreuᵘen*).

**Spreuer-haspel** *šbrīərhašpl* SUNTHSN. - m.: ‚fiktiver Gegenstand, den Kinder am 1. April bei Nachbarn holen sollen' eb. - Vgl. *Saumokenspieß.*

**Spreuer-haufen** m.: ‚eine Menge angehäufte → *Spreu*' BEROLZHM; Volksglaube: ein Spr. kann unter Umständen zu Gold werden 1894 eb./UMFR. 30. - DWB. 10/2.1, 61 (*Spreuhaufen*).

**spreuerlen** *špraerlə* DONAUESCHGN. - schw.: ‚nach → *Spreu 1* schmecken', von Eiern gesagt 1925 eb.

**Spreuers-ache** *špreiərsax̨ə* SAULD. - f.: FlN für ein nicht näher ben. Flurstück W. LANG 62. - Grundw. vermutl. zu → *Ach*, vgl. Bed. 3 bei FISCHER 1, 88.

**Spreu(er)-, Spreu(e)l-sack** *šbrẹilsāk* O.SCHEFFL.; *šbræülsāg* HETTGN; *šbraivsag* MANNHM; *šbraivrsak* EBERB.; *šbraiə-* RAPP.; *šbraisag* HOCHSTET. (LINK.); *šbreil-* SPESSART; *šbrẹiərsak* PFORZHM; *špråule-* NEUSATZ; *šbrūrsag* SCHOPFHM; *-sakx* WEHR; *šbrīʳrsak* REISELFGN; *šbrīrsakx* WEIZEN; Pl. u. Dim. vgl. → *Sack.* - m.: ‚ein mit → *Spreu 1* gefüllter → *Sack 1a*, der als Matratze dient', (ab den 40er-Jahren des 20. Jh. kaum mehr in Gebrauch) ROEDDER VSPR. 532b, MEIS. WB. 178b, LAUINGER 23; mit Spreu oder Gerstenstroh gefüllt MANNHM; ärmlicher Ersatz für → *Strohsack* NEUSATZ; spez. im Kinderbett WAGNER 190, SCHÄUBLE WEHR 139; das mit Spelzstreu gefüllte *Schbreierseggl* diente als Kopfkissen, auch beliebt zum Hochlagern eines Beins oder Arms HERWIG-SCHUHMANN 118, ähnl. H. SCHMITT² 119f., O. SEXAUER 102. - Vgl. *Hälme(n)sack.* - DWB. 10/2.1, 60. 61; Els. 2, 344a; Fischer 5, 1586; Pfälz. 6, 345; Schweiz. 7, 641 (*Sprüwersack*); Südhess. 5, 1232.

**Spreuers-gut** n.: FlN ÜBERLGN A. R.; 1575 *gen. des Sprewers Guott* HEGAU-FLURN. 7, 112. - Nach seinem Inhaber ben. Gut der Stadt Radolfzell.

**Spreu(l)-korb** *šbrau(l)korb* SANDW.; *šbrou̧lkhǫrb* MOOS (BÜHL). - m.: ‚runder Korb aus ungeschälten Weiden', wohl zum Transport von → *Spreu 1* G. MÜLLER 37, PFLÜGER HS. 200, 1976 MOOS (BÜHL). - Vgl. *Sprügelkorb 1.* - DWB. 10/2.1, 61; Pfälz. 6, 344; Südhess. 5, 1232.

**Spreul-nepper** *šbrẹilnębər* EBERB. - m.: Spitzname eines Müllers, dem man wohl betrügerische Absichten unterstellte eb. - Zum Grundw. vgl. → *I Nepper.* - Vgl. *Roggenstehler.*

**Spreul-sack** → *Spreu(er)sack.*

**Spreul-suppe** *šbrẹilsubə* O.SCHEFFL. - f.: ‚flüssiges Gericht mit → *Spreu 1* als Grundlage', nur in der abschlägigen Antwort auf neugierige Fragen, was es zu essen gibt: *šbrẹilsubə, aĩgəmax̨də šdẹ̄ərdrabə* (= Treppenstufen) *un gebrölənə hẹilẹ̄dern* (→ *Heuleiter 3*), *mim holdsšlẹ̄rl* (→ *Holzschlägel*) *abgšmeldst* ROEDDER VSPR. 532b (s. a. → *braten 1*). - Vgl. *Ende 2a, Haar 1a, Kellertüre, Scheißdreck 1, Schneckenhörnle 2, I Schnurre 1, Schürhaken 1.*

**Spreu-sack** → *Spreu(er)sack.*

**Spreuße** *šbröis* NASSIG. - f.?: ‚Stange (?) am Heuwagen, vor der → *Leuchsel* am Vorderwagen' eb., WIBEL MU. III, 19. - Laut DWB. 10/2.1, 73 (unter *Spreiße 3*) wohl ältere

Nebenform zu bei uns nicht bel. *Spreize.* – Vgl. *Sprieß(e) 1.*
– SUF V, 91.

**Sprich-beutel, -klopfer, -macher** → *Sprüchbeutel, -klopfer, -macher.*

**Sprich-wort** šbrixu̯ǫrt O.SCHEFFL.; -u̯ǫvd HANDSCH., RAPP., MÖRSCH; šbrišu̯ǫrd OFTERSHM; Pl.: šbrixu̯ęrdər O.-SCHEFFL.; -u̯ęvdv RAPP. – n.: ‚kurzer, einprägsamer Satz, der eine lehrreiche Lebensweisheit ausdrückt' ROEDDER VSPR. 532b, LENZ WB. 67a, LEHR KURPF.² 143, LIÉBRAY 278, MEIS. WB. 179a; 1566 *dz ist / wie man in eine sprichwort sagt / zů lützel vnd zůuil / verhönt alle spil* PICT. LEIBS ARTZ. 61a (s. a. u. → *verhöhnen*); *Nit umsunscht sächt's Schprüchwort: petz die Kuh ins Horn!* NADLER 153; *Halt, neeñ! in Himmel dörf er nit, / Des hauw ich nib bedenkt, / Dann do wär's mit dem Schpriichwort aus, / Daß der voll Geige hängt* eb. 150; Sprichw.: *S isch ä Schbrichwädd unn ä Wääwädd* (→ *Wahrwort*), zur Bekräftigung der Evidenz DISCHINGER 185; kürzer: *Schbrichwort = Wohrwort* HUMBURGER 175. – Zur Wortbildung vgl. DWB. 10/2.1, 62, ZFDALT. 59, 48. – Weiteres → *Batze(n), sagen 3c, Seehasen 1;* vgl. *Sagsel.* – Fischer 5, 1587; Pfälz. 6, 346; Schweiz. 16, 1687; Südhess. 5, 1233.

**sprickeln** šbriglə SCHOPFHM. – schw.: dass. wie → *spreckeln 1* 1934 eb. – Vgl. *gesprickelt.* – Schweiz. 10, 864 (*spriglen*).

**Sprick-gras** šbrīgrās, -i- MENGEN, EBRGN (FREIB.), EHRENSTET.; šbrīgrās MUNZGN, O.RIMSGN. – n.: PflN ‚Quecke, Elymus repens, ehem. Agriopyrum repens' 1939 TUNSEL, WETTELBRUNN, BALLRECHTEN, HÖFFLIN 237, KLAUSMANN Kt. 104, (s. Kt. → *Quecke*, Bd 4, 160). – Vgl. *Speckgras,* Syn. s. → *I Quecke.*

**Spri(e)gel(-korb)** → *Sprügel(-korb).*

**Spriegels-bach** šbrīglšpax JOST. – m.: 1) Name eines Baches, der zwischen Titisee und Neustadt links in die Gutach fließt, amtlich *Spriegelsbach* Topogr. Kt. 1:50.000. – 2) ON, Name des Tals am gleichnamigen Bach; 1391 *Brühelspach;* 1611 *Brielspach* KRIEGER 2, 1035; šbrīglšpax hindərī JOST./SSA-AUFN. 2/3; Litanei über die Höfe im Spriegelsbachtal: *Der Fürsatz isch obe im Dal, / der Hänslebur hät kei Vieh im Stal, / der Höfler hängt de Speck in Rauch, / bim Kleiser isch es au so Brauch, / der Joslebur mit de schmutzige Traud, / der Hannesbur hät kei Speck zum Kraut, / der Hilpert mit em neue Hus: / die Schulde gucke obe rus, / der Rombach mit de Tabakpfife, / der Metzgerpante duet de Hühnere grife, / der Dengesebur mit der Ofekrucke, / der Krützbur duet im Bierhüsle hucke* ALEM. 33, 157. – Nach KRIEGER 2, 1036 ist das Bestimmungswort zu → *Brühl* zu stellen; dagegen vermutet O. SPRINGER 165 wegen des inlautenden *s* einen zugrundeliegenden PN; das *s* im Anlaut ist vermutlich durch falsche Worttrennung (*in-s Brügelsbach*) entstanden.

**Sprieß-bengel** šbrīsbęŋl KUPPENHM; šbrīəs- HUNDSB., MÖHRGN. – m.: 1) ‚Teil der Aufrüstung des Leiterwagens zum Transport von kurzem Material (z. B. Öhmd)', dass. wie → *Leiterbengel* (dort genauere Beschreibung) SANDW./PFLÜGER hs. 188; vgl. *Ladbengel 1, Laubschild.* – 2) ‚Drehknüttel zum Spannen einer Kette am Leiterwagen', dass. wie → *Spannbengel 1* P. WAIBEL 162, SSA IV/ 6.01. – Vgl. *Aufsprießbengel.*

**Sprieß(e)** šbrīsə WERTHM, BÜHLERT., TRIBG, RADOLFZ.; šbriəs SCHLUCHTERN, SANDW., SCHONACH, GREMMELSB., REUTE (EMM.); šbrīs AU A. RH., O.WEIER (RAST.); šbrīəsə, -īə- verbr. Hanauerland u. westl. Ortenau; šbrēəsə, -ēv- entlang des Rheins von HELMLGN bis WITTENW.; šbriəsə, -iv- O.ACHERN, um SCHUTTERWALD, ALLMANNSW., RINGSHM, N.HAUSEN; šbriəs WEHR; šbrīs STOCKACH; Pl.: šbriəsə WEHR; Dim. (Pl.): šbriəsələ KAPPEL (VILL.). – m., f. (O.WEIER (RAST.)): 1) a) ‚Stütze, Stützbalken' HUMBURGER 175, SANDW., MARX 51, BAYER 65, R. BAUMANN 86, BERGHAUPTEN, G. MAIER 153, FLEIG 120, REUTE (EMM.), SCHÄUBLE WEHR 138, ELLENBAST 68, FUCHS 63, O.WEIER (RAST.)/ZFDMU. 1916, 288; 1594 *kalch, breter, schindlen, stögen, sprissel, ziegel, ...* ÜBERL. STADTR. 259; ‚Holz oder Eisen zum Versteifen' RINGSHM. – b) ‚dreikantige Stützhölzer für Fässer' PLATZ 306. – 2) ‚kleiner Holzsplitter, dass. wie → *Spreißen 1*' (wohl lautl. Variante hierzu); verbr. im Hanauerland und westl. Ortenau, vgl. SSA-AUFN. 256/5; MARX 51, BAYER 65, G. MAIER 153; *i hab e Schbriäse im Finger* BRAUNSTEIN RAA. 29; *mąx mr dana šbrēəsə rüs* FOHRER 49. – 3) im Dim., meist Pl.: ‚Sommersprossen' KAPPEL (VILL.)/SSA-AUFN. 266/4. – Mhd. *spriuze, spriuz* ‚Stütze, Stützbalken'. – Els. 2, 561; Fischer 5, 1587; Pfälz. 6, 347; Südhess. 5, 1234.

**sprießen** šbrīsə WERTHM, HETTGN, O.SCHEFFL., Kurpfalz, SANDW., KAPPELWI., BLEIB., TRIBG, RADOLFZ., ÜBERLGN A. B.; šbrīsə KUPPENHM; šbreəsə MÜNCHW.; šbrīəsə, -iə- AUENHM, RINGSHM, SCHONACH, GREMMELSB., WEHR, KONST.; šbrīəsv MÖHRGN; Part.: gšbrīsd HETTGN, O.SCHEFFL., HANDSCH.; gšbriəst WEHR. – schw.: 1) a) ‚mit Balken abstützen', z. B. eine Mauer, ein Haus, einen Brunnenschacht, etw. Baufälliges ROEDDER VSPR. 532b, HETTGN, SCHLUCHTERN, LENZ WB. 67a, FREI SCHBR. 154, LIÉBRAY 278, T. RAUPP 55, RINGSHM, SCHWENDEMANN ORT. 3, 90, BLEIB., SCHÄUBLE WEHR 138, ELLENBAST 68, JOOS 193, ÜBERLGN A. B.; *ə hüs šbriəsə* MENG 146. – b) ‚Obstbäume stützen' FLEIG 120; Syn. vgl. *stäupern.* – c) ‚Fässer mit versteifendem Holz befestigen', damit sie bei Hochwasser gesichert sind PLATZ 306. – d) ‚verschalen' TRAUTWEIN 3. – 2) ‚einen Obstkorb mit Weidenruten überspannen und damit für den Versand bereit machen' HUBER hs. 15. – 3) ‚den Strick oder die Kette beim Holztransport festdrehen' KUPPENHM/SSA-AUFN. 170/1, MÖHRGN/eb. – Mhd. *spriuzen* ‚stützen, spreizen, stemmen'. – Weiteres → *brausch, Brießler;* vgl. *ab-, an-, unterspriessen.* – DWB. 10/2.1, 73; Els. 2, 561b; Fischer 5, 1587; Pfälz. 6, 347; Schweiz. 10, 942; SSA IV/6.02; Südhess. 5, 1234.

**Sprieß-kette** šbrīskhedə O.SCHEFFL.; šbrīsket O.WEIER (RAST.). – f.: ‚Kette, die zum Zusammenspannen der Leitern des Bauernwagens dient', dass. wie → *Spannkette 1* ROEDDER VSPR. 532b, HUMBURGER 175, O.WEIER (RAST.)/ZFDMU. 1916, 315. – Vgl. *Brüchkette.*

**Sprießling** m.: ‚seitliches Brett im → *Nachen*, auf das die Netze gelegt werden', dass. wie → *Nebenbord*, Schiffersp. NEUENHM/ZFDW. 6, 75.

**Spriet** n.: ‚schräge Stange, die das Segel diagonal festhält', auch → *Mastspriet* genannt, Schifferspr. NEUENHM/ZFDW. 6, 70. – Zu nd. *Spriet,* mnd. *spriet, sprēt* (n.). – Vgl. *Bugspriet.* – DWB. 10/2.1, 76.

**Spring-brunnen** šbriŋbrunə O.SCHEFFL.; -ə HEIDELBG; Dim.: -brinlə O.SCHEFFL. – m.: ‚künstlich angelegter Brunnen, aus dem das Wasser mit Druck hervorspringt' LENZ WB. 23b; im Bes. der Sechsröhrenbrunnen in Oberscheffllenz ROEDDER VSPR. 532b. – Vgl. *Spritzbrunnen.* – DWB. 10/2.1, 80; Els. 2, 89; Fischer 5, 1588; Pfälz. 6, 348; Schweiz. 5, 670; Südhess. 5, 1235.

† **Springe** f.: ‚Fußeisen für Verbrecher' E. SCHNEIDER DURL. 223. – Syn. *Schellenwerk* (s. u. → *schellenwerken*). – DWB. 10/2.1, 25 (unter *Sprenge*); Fischer 5, 1588.

† **Spring-eisen** n.: dass. wie → *Springe; in den springeyßen*

*herumber hellen* ‚in den Springeisen müde werden, sich abquälen' Bürster 223. – Fischer 6/2, 3163.

**springen** *šbriŋə, -ṿ̣-* verbr. in ganz Baden; *šbrĩŋə* Zaisenhsn; *špriŋə* Schönwald, Wehr; *špriŋə* Singen a. H.; *šbreŋə, -ẹ-* Rohrb. (Epp.), Teutschneureut (=Neureut), Grauelsbaum, Honau, Auenhm, Kork, Altenhm, Kippenheimwlr, Liggersd.; Part.: *gšbruŋə, gšp-* verbr. in ganz Baden; *gšbrõŋə* Pforzhm; *gšbröŋə* Auenhm; Konj. Prät.: 1. u. 3. Sg. *šbruŋ* Lörrach/Witz 41. – st.: **1) a)** ‚hüpfen, einen → *Satz 5a* machen' Meng 81. 305, Honau, Schwendemann Ort. 1, 8, Kippenheimwlr, Lindelb./Mein Heimatl. 1933, 368; *ins Wasser schbringe* Lehr Kurpf.² 144; *er isch iwwer d' Mauer gschbrunge* eb.; *wann er des heert, schbringt er an d Deck vor lauder Wut* eb.; *Was isch das Eveli gsprunge!* (vor Freude) Hebel 39, 97; *er kaan der an Gurgle schbringe* Gütenb.; Fischerspr.: *s gō̜'n* (das Netz) *šbringd durxs wāsr* (im Ggs. zum schweren Zugnetz) Helmlgn/Fluck 429; Ra.: *s isch ghopst wie gschprunge* ‚es ist einerlei' Schäuble Wehr 26, ähnl. Platz 306, Altenhm, Schmider KK 2, 23, Fleig N. 8, Hintschgn, Fuchs 76f.; *üwa sei Schatte schbringe* ‚sich überwinden' Forchhm (Karlsr.); *äən schbringe losse* ‚großzügig eine Runde (alkoholische Getränke) ausgeben' Bräutigam Mach 117, ähnl.: *er läßt ebbes schbringe* Lehr Kurpf.² 144, Odenwald MPh. 67. 102; Volksreim: *Hopsa, Lissel, schbring e bißl* Lehr Kurpf.² 144. – **b)** ‚decken, begatten', von Rindern; *si iš gšpruŋə vum štṭər* Nesselrd. – **2) a)** ‚laufen, schnell gehen' Roedder Vspr. 532b, Frei Schbr. 154, Liébray 278, Schwetzgn/Götz 50, Menzgn, Pflüger hs. 165, P. Waibel 56, O. Sexauer 110, Moos (Bühl), G. Maier 153, Meng 128, Honau, Kork, Legelsh., Waldk. (Elzt.), Waldau, Neuenweg, Freib./Albrecht hs.; *uf de Zug schbringe* Lehr Kurpf.² 144; *iχ bin gšbruŋə* Mangold 54; *špriŋə wi ən axtsēi̯ēriχṇ* Meis. Wb. 179a; *Aiä Oomaa kånn awwä noch schbringä* Dischinger 185; *fon drəuss rṿ̈ hewe šbreŋə mīsə* Pforzhm; *dẹr* (der Säcklestrecker, unter → *Säcklestrecken*) *hod hald miəsə feš šbriŋə khīnə* Baur 275; *un djə iš gšbruŋə, un ẹr iš gšbruŋə, wās ə fašbriŋə he̜ kinə* ,... so schnell er konnte' Ketterer 58f.; *wenn er d' Seel zum Liib uus sprung, zletscht bym Zelle fehle all e bar* ‚wenn er (der Balljunge) sich auch die Seele aus dem Leib rennen würde, würden doch zuletzt beim Zählen ein paar (Bälle) fehlen' Burte Mad. 62; *Die* (die Kühe) *sind dur'en Gang zur Tränki gschprunge* Thoma Hütten 41; verhüllend für ‚Durchfall haben': *springe müsse* Breisgau/Zimmerm. hs. 287; *i muss allewīl špriŋe* eb.; Ra.: *də karə šbriŋə lau* ‚den Dingen ihren Lauf lassen' Mühlgn; aus einem Kindervers: *... 's Engili schpringt ins Dokderhuus ...* Schmider KK 2, 48; Volksbrauch: Bei größeren Hochzeiten ist das sogenannte *Springen* üblich. Dabei stellt sich das Hochzeitspaar am einen Ende eines Grasstückes auf, am anderen stehen Kinder, Ledige u. Verheiratete. Auf ein gegebenes Zeichen hin beginnt der Wettlauf jeder einzelnen Altersklasse und, außer bei den Kindern, mit getrennten Geschlechtern Sexau. – **b)** ‚schnell etw. besorgen' E. Dreher 20; *Schbring schnäll änn-dä Laadä* Dischinger 185; *špriŋ emǫl zum nǫchber dǖre!* Schäuble Wehr 138. – **3) a)** ‚zerbersten, einen → *Sprung 4* bekommen' Platz 306, Lenz Wb. 53a, Liébray 278; *wann des Glòòs ins hòòßä Wassa duusch, duuds schbringä* Frei Schbr. 154; *s glǟš iš gšbruŋə* Roedder Vspr. 532b, ähnl. Meis. Wb. 179a. – **b)** ‚aufplatzen nach starkem Regen oder Hagel', von Trauben gesagt Reichenau, Blansgn, Friesenhm, Sinzhm;

Neuw./WKW 25. – Ahd. *springan*, mhd. *springen*. – Weiteres → *pflanzen 1a, tapfer 3, Emmendingen, Furz 1, garantieren, gelten 3a, Hange 1, hopfen, Knopf 1bα, laustern 2, losschieben, Rad 1c, Rock 2a, I Roß 1, Schaufel, Schese 1a, schon 1, Wort*; vgl. *auf-, aus-, Brucken-, davon-, dure-, Eier-, er-, ver-, heim-, herab-, heraus-, herein-, herum-, hinab-, hinan-, hinauf-, hinaus-, nachhin-, nach-, umeinander-, zusammenspringen*; Syn. zu Bed. 1: *gumpen, hopfen, höpfen, hopsen, hupfen, jucken 1*; zu Bed. 2: *füßeln, laufen, rennen*; zu Bed. 3: *verspringen*. – ALA I, 202. 205; DWb. 10/2.1, 81; Els. 2, 559; Fischer 5, 1588; Pfälz. 6, 348; Schweiz. 10, 885; SDS V, 83; Südhess. 5, 1235; SUF V, 44. 45.

**Springer** *šbriŋ(ə)r, -ị-* Schiltach, Sasb. (Kaiserst.), Zarten, Neuenweg, Stockach; *šbriŋər* Grauelsbaum; Dim.: *šbriŋərlə* Eberb., Altenhm; *šbriŋərlə* O.Scheffl.; *šbriŋərli* Gengenb., Berghaupten; das Weihnachtsgebäck s. u. → *Springerle*. – m.: **1) a)** ‚eine Person, die schnell läuft'; *ə šbriŋərlə* Spitzname einer Frau, die immer unterwegs ist und einkauft 1952 Eberb.; Ra.: *iš išcht nọ nīə kǫn Schbringər ts frīə kummə* kommentiert den, der immer zu spät dran und deshalb in Eile ist Stockach/Hegau 23, 183. – **b)** nur Dim.: ‚kleines, quirliges Kind' Jöhlgn, Karlsr.; ‚lebhaftes, kleines Mädchen'; *du weršt mī nimər khenə, wu d fortgaŋš bišt, bin iχ nō sou ə gleēš šbriŋərlə gowę* Roedder Vspr. 532b; vgl. *Jauker, Wildfang, Zwirbel*. – **c)** ‚jem., der in eine Versicherung eintritt, aber nicht bezahlt' (inzwischen hat sich aber der Vermittler seine Provision geholt zu Lasten der Versicherung) „Agentensprache" 1956 Freib. – **2) a)** ‚acht bis zwölf Wochen altes Schwein, dass. wie → *Läufer 2*' Zarten/Ochs-Festschr. 246, Siefert 90, Mimmenhsn/Umfr., Siegelau/Alem. 25, 59. – **b)** ‚Springmaus', „wohl aus dem östlichen Steppengebiet eingewandert" Baar/Bad. Heim. 1938, 118. – **c)** α) im Pl.: ‚Fische, die über den Netzrand springen' Grauelsbaum/Fluck 120. – β) ‚älterer → *Blaufelchen*' Überlgn a. B./Mitteil. 1919, 86. – γ) „Häsling" (→ II Hasel) Alem. 38, 86. – **d)** nur Dim.: ‚leichtes, bewegliches Pferd' 1932 Gengenb. u. Berghaupten. – **3) a)** ‚durch Ableger gewonnene junge Rebe' Sasb. (Kaiserst.)/Höfflin 229. – **b)** im Dim.: PflN, „Balsamine" Altenhm, wahrsch. eine Springkraut-Art (Impatiens). – **4) a)** ‚Spielkreisel' 1962 Schiltach; Syn. s. u. → *I Kreisel*. – **b)** ‚Stein, der beim Werfen übers Wasser hüpft'; *Springerli* Lahr/Teuth. 3, 186; vgl. *Segler*. – **5)** FN, u. a. nach 1809 bei Juden in Baden gebr. Dreifuss FN Jud. 94, KDFA 430f.; vgl. *Sprenger 3*. – Vgl. *Dreck-, Hurd-, Kirchen-, Schein-, Steckle-, Wasserspringer*. – DWb. 10/2.1, 102; Els. 2, 559; Fischer 5, 1591; Pfälz. 6, 354; Schweiz. 10, 905; SDS VIII, 85; Südhess. 5, 1238.

**Springerle** *šbriŋərlə, -ị-* O.Scheffl., Mannhm, Heidelbg, Karlsr., Bietighm, nördl. Schwarzw., nördl. Hanauerland, Altenhm, Zell a. H., Haslach i. K., Vilgn, Breisgau, Todtnaubg, Görwihl, Denkgn, Überlgn a. B.; *šbriŋvlə* Heidelbg, Rapp., Jöhlgn, Plittersd., Sinzhm; *šbriŋlə* Oftershm; *šbriŋərli, -ị-* Sandhsn, Hundsb., Ottenhöfen, Appenw., Berghaupten, Gengenb., Münchw., um Tribg, Breisgau, Furtwangen, Neust., Esslgn, Stockach, Singen a. H.; *špriŋvli* Mörsch; *šbriŋərlį* Lahr, Etthm; *šbriŋəlį* Jechtgn; *šbriŋili* Dittishsn; *šbrịŋərlə* Stockach; *šbreŋərlə* Heinstet., Gutenstein; Pl.: *šbriŋərlin* Eberb., verbr. Kurpfalz, Östrgn; *šbriŋvlin* um Oftershm; bei den auf *-li, -lə* endenden Belegen ist Pl. von Sg. schwer zu trennen, da meist wie Sg. – n.: ‚Anis-Weihnachtsgebäck mit einem durch einen Holzmodel (→ *I Model 2a*) aufgedrückten, erhabenen Bild' Roedder Vspr. 532b, Herwig-Schuhmann 118,

BRÄUTIGAM SO 128, LEHR KURPF.² 143, FREI SCHBR. 154, LIÉBRAY 278, DISCHINGER 185, MEIS. WB. 179a, RITTLER 130, R. BAUMANN 85, G. MAIER 153, SCHWENDEMANN ORT. 1, 43. 70, FLEIG 120, WAHR 26, ALBRECHT HS., O.BERGEN, A. MÜLLER 1, 30. 101, KLAUSMANN BR. 25, FUCHS 63, ACHERN/ZFDMU. 1921, 86, Mittelbaden/ORTEN. 1910, 176, KARLSR./BAD. HEIM. 1916, 52, HEIDELBG/eb. 1917, 79, Hardt/eb. 1928, 251, Hegau, Linzgau/MEIN HEIMATL. 1928, 198; an manchen Orten auch Sammelbegriff für ‚Weihnachtsgebäck allg.' KUPPENHM, MOOS (BÜHL), HONAU, 1919 FREIB., HOFSGRUND, SCHWENNGN, 1973 DENKGN, BURGWLR, (vgl. dazu auch SSA IV/3. 23); *d šbrįŋrli* 1973 NEUST.; *Wer ischen doo widder hinder moinere Schbringerlin gwäst?* HUMBURGER 175; *Dürt bini no am liebschte ani, wils dürt die beschte Schpringerli gäe hät* FLÜGEL 54; Ra.: abschlägige Antworten auf die Frage: Was gibt es zum Essen? – *Sauagraud un Schbringalen* JÖHLGN; *katzehŭdslə ŭn šbrįŋərli* 2000 HORBEN (vgl. *Katzenhutzel*). – Die Gebild-Backware ist seit etwa 1650 im süddt. Raum bekannt. Charakteristisch sind neben den mit Modeln aufgedruckten Bildern die bei mäßiger Backhitze entstehenden „Füßchen", die den Eindruck vermitteln, es handle sich um zwei übereinandergesetzte Gebäckstückchen. Dieses „Springen", das untrügliche Qualitätsmerkmal, gab dieser Ware den Namen (zusammengefasst aus einem Typoskript des Konditormeisters Fritz Hahn aus Heidelberg, dem Badischen Wörterbuch 1968 z. Auswertung überlassen). Andere Quellen vermuten hinter der Namensgebung einen Bezug zu den häufig verwendeten Bildern von springenden Tieren HUMBURGER 175. – Weiteres → *Hirschhornsalz*; vgl. *Wasserspringerle*; vgl. *Krapfen 4b, Mailänder 2*. – DWb. 10/2.1, 107 (*Springerlein*); Fischer 5, 1591; Pfälz. 6, 354; Schweiz. 10, 904; Südhess. 5, 1238 (jew. unter *Springer*).

**Springerle-form** f.: wohl dass. wie → *Springerle(s)model* FREIB. ZEIT. 8.4.1919. – Weiteres → *Kuchenblech 1*.

**Springerles** ‚Kinderspiele' → *Viereck-, Kreuz-, Nach-, Wasserspringerles*.

**Springerle(s)-model** *šbrįŋrləsmodl* KAPPELWI.; *šbrįŋrlimōdl* MÜNCHW. – m.: ‚hölzerne Hohlform zur Prägung kleiner Backwerke, den → *Springerle*' BURKART 95, SCHWENDEMANN ORT. 1, 93, Hardt/BAD. HEIM. 1928, 251. 258 (mit Abb.). – Zum Grundw. vgl. → *1 Model 2a*. – Fischer 5, 1591 (unter *Springer 2d*).

**Springers Wiese** f.: FlN; 15. Jh. *wiß (..) die man nempt Swira stosset an des Springers wiß* BIETGN (KONST.)/E. SCHNEIDER BIET. 208. – Nach einem Besitzer mit FN → *Springer 5* benannt.

**Springete** *šbrįŋətə, -ədə* BERMERSB. (OFFB.), LIGGERSD. – f.: ‚wiederholtes, andauerndes Laufen (und Besorgen)', mit dem Gefühl des Überdrusses und der Missbilligung konnotiert OCHS-FESTSCHR. 258, E. DREHER 51. – Zu → *springen 2*, zur Wortbildung vgl. *-et(e)*. – Schweiz. 10, 907.

**Spring-hose** *šbrįŋhosə* BUCH (WALDSH.). – f.: nur in der Wendung *ər hed d šbrįŋhosə ā* 1947 eb., von jem. gesagt, der die Hebamme holen muss, bildl. für ‚in Eile sein'. – Fischer 5, 1592; Schweiz. 2, 1694 (*Laufhose*).

**Spring-in-d-schmitten** FN: 1951 MUNDELFGN, „häufiger" FN 1894 eb., Baar u. Umg./NIED SÜDW. 76; Satzn., urspr. *Spring in die Schmiede* als ÜN für einen in die Schmiede Eilenden, vgl. KDFA 28. 452. 456.

**Spring-kleid** *šbrįŋglēd* EBERB. – n.: ‚an Werktagen getragenes → *Kleid*' 1953 eb. – Bestimmungsw. zu → *springen 2*, ein Kleid, das sich für schnelle Bewegungen u. Besorgungen eignet. – Vgl. *Werktagskleid*; Ggs. → *Sonntagskleid*.

**Spring-kraut** n.: PflN. **1) a)** ‚drüsiges Springkraut, Impatiens glandulifera'; *dess rǫt Schbringgrütt* REUTE (EMM.). – **b)** ‚Rührmichnichtan, Impatiens noli tangere'; *gäl Schbringgrütt, mit grǫsv Blivtv* eb. – **c)** ‚kleinblütiges Rührmichnichtan, Impatiens parviflora'; *gäl Schbringgrütt, mit klainv Blivtv* eb. – **2)** ‚Kalmus, Acorus calamus' HELMLGN/MITTEIL. 1933, 292. – Vgl. *Kalmus, Kapuziner 3c, Rührmichnichtan, Schnellkraut, Springer 3b, Zigarre*. – DWb. 10/2.1, 113; Fischer 5, 1592; Schweiz. 3, 911; Südhess. 5, 1239.

**Springling** m.: FlN MALSCH (ETTL.), in der Nähe der Lafferts- und Steinleswiesen gelegenes Wiesenland; 1699 *im Sprengling* E. SCHNEIDER FlN. MALSCH 112; 1790 *wiesen im springling* eb.; mu. *im schringling* [!] eb.

**Spring-löcher** Pl.: FlN MALSCH (ETTL.); 1511 *wisen in den sprenncklöchern* E. SCHNEIDER FlN. MALSCH 113; 1593 *... in den Springklöchern* eb.; 1746 *in Springlöchern* eb. – Wohl zu mhd. *sprinc* ‚Quelle' zu stellen, vgl. *Springwäldele*.

**Spring-mann** FN: verbr. Umg. von ACHERN u. O.-KIRCH/KLAUSMANN FN 83. Kt. 31. – Wohl zu mhd. *sprinc* ‚Quelle'. – DWb. 10/2.1, 115.

**Spring-mit-dem-glas** FN: fiktiv, eig. Übername für eine Kellnerin in Scheffels Novelle „Juniperus"; *Aus der dichtverzweigten Linde / Rufen wir dem schmuckesten Kinde: / Marigutta – Springmitdemglas!* SCHEFFEL 2, 476.

**Spring-wäldele** n.: FlN EBNET (FREIB.), „Bezeichnung durch die Holzhauer" BAD. FLURN. I 3, 239. – Viell. zu mhd. *sprinc* ‚Quelle', vgl. *Springlöcher*.

**Spring-wurm** *šbrįŋwųrm* MÜLLHM, ISTEIN. – m.: Tiern. ‚Raupe des Springwurmwicklers', ein Schädling der Reben KRÜCKELS 197, 1952 PFAFFENWLR (FREIB.). – Vgl. *Heuwurm, Rebstecher, Sauerwurm*. – DWb. 10/2.1, 122; Pfälz. 6, 356; Schweiz. 16, 1529; Südhess. 5, 1239.

**Sprinke** *šbreŋə* HETTGN. – f.: ‚Vogelstrick, Vorrichtung zum Vogelfang aus einer mithilfe von Schnur halbrund gespannten → *Gerte*' eb.; *im Winter fingen wir Vögel mit Sprincken und Stricken* SIMPLIC. SCHOLTE 32. – Mhd. *sprinke* (m./f.?) ‚Falle'. – DWb 10/2.1, 123; Fischer 5, 1583 (*Sprenkel*); Pfälz. 6, 337 (*Sprenkel*); Südhess. 5, 1229 (*Sprenkel*); Schweiz. 10, 916 (*Springgel I*).

**Sprinze** f.?: **1)** nur Dim.: ‚ein bisschen, gleich einem Fleckchen'; *Sprintzlein* ZIMMERM. VHK. 102; vgl. *Bißle*. – **2)** ‚eingebildetes Mädchen'; *Schbrinz* HERWIG-SCHUHMANN 119. – Zu mhd. *sprinze* ‚Sperberweibchen', so ben. aufgrund der gesprenkelten Brust; Bed. 2 urspr. viell. wegen zarter, sommersprossiger Haut. – DWb. 10/2.1, 124; Fischer 5, 1593; Pfälz. 6, 356; Südhess. 5, 1239.

**Sprit** *šprit* HANDSCH., OTTERSD.; *šbrįt* ROHRB. (EPP.), SCHUTTERWALD, FREIAMT; *šbrit* REUTE (EMM.). – m.: **1)** ‚Alkohol' LENZ WB. 6a, OTTERSD./ZFDMU. 1914, 335; *Sie dhüen us Moscht Essenz un Spryt / e Brüeihe zsemme geutsche* BURTE MAD. 88; vgl. *Geist 5b*. – **2)** ‚Brennspiritus' REUTE (EMM.). – **3)** ‚Benzin, Treibstoff', umgangsspr. ab 2. Hälfte 20. Jh. ROHRB. (EPP.), SCHUTTERWALD, FREIAMT u. ö. – Entstanden aus → *Spiritus*, viell. unter Einfluss v. franz. *esprit*. – DWb. 10/2.1, 125; Els. 2, 562b; Pfälz. 6, 356; Schweiz. 10, 965; Südhess. 5, 1240.

**Sprit-faß** n.: ‚→ *Faß 1a*, in dem Alkohol gelagert wird' 1909 ETTHM u. HERBOLZHM (BLEICH). – Vgl. *Schnapsfaß*. – Südhess. 5, 1241.

**Spritz** m.?: ‚herausgeputzte, festliche Aufmachung', nur in der Wendung *ər fårt fort met seds (Sitz) on šbreds* ‚er fährt fort in vollster Gala' DIERSHM. – Vgl. *Spritztour*. – Rhein. 8, 439; Südhess. 5, 1241.

**Spritz-brühe** *šbrı̣dsbrı̣ə* SCHRIESHM, ZELL-WEIERB.; *šbrı̣dsəbrüəijə* AUGGEN. – f.: ,flüssiges Schädlingsbekämpfungsmittel im Wein- und Obstbau' HERWIG-SCHUHMANN 118, KREUTZ 88; *d Schbridzbrī ā̆riërä* DISCHINGER 185; *des Thiaader jedes Johr mit därre Schbritzbrieh uf alli Drauweschdegg* HUMBURGER 175. – Zu → *spritzen 2a.* – Vgl. *Kupfervitriol, Spritze 2, Spritzmittel.* – Pfälz. 6, 357; Südhess. 5, 1241.

**Spritz-brunnen** „*Schbritzbrunnv*" REUTE (EMM.). – m.: ,dass. wie → *Springbrunnen*' eb., HUMBURGER 175. – Els. 2, 192b; Fischer 5, 1593; Schweiz. 5, 670.

**Spritz-büchse** *šbrédsbǘgšə* HETTGN. – f.: ,Wasserspritze' eb. – Grundw. zu → *Büchse 3.* – Vgl. *Gütze.* – DWb. 10/2.1, 126; Els. 2, 13a; Fischer 5, 1593; Südhess. 5, 1241.

**spritz-dürr** *šbredsdẹr* O.SCHEFFL. – Adj.: ,sehr mager', von Personen ROEDDER VSPR. 532a. – Erklärung der Benennung: „so dürr (wie Herbstlaub), daß man versucht wäre, ihn zu *spretzen*" (= benetzen, → *spritzen 1a*) eb. – Vgl. *klapper-, krach-, rappel-, schindeldürr.*

**Spritze** *šbrȫdsə* WERTHM; *šbredsə, -e-* Taubergrund, EBERB.; *šbrı̣ds, -i-* OFTERSHM, MÖRSCH, BIETIGHM, O.-WEIER (RAST.), KAPPELWI.; *šbrı̣dsə, -ı̣-* O.SCHEFFL., RAPP., MÜHLGN; *šbreds* MÜNCHW.; *šbredsi* eb., RUST; *šbrı̣dsi* KÖNIGSCHAFFHSN, REUTE (EMM.); *šprü̟tsi* WEHR; *šbritsə* KONST.; Pl.: *šbrı̣dsvnv* O.ROTWEIL; *šprü̟tsənə* WEHR; Dim.: *šbrı̣dslə* O.SCHEFFL. – f.: **1) a)** allg. ,Gerät zum Spritzen' PLATZ 306, HEILIG GR. 26, LIÉBRAY 278, MEIS. WB. 179a, BURKART 163, SCHWENDEMANN ORT. 1, 132, NOTH 366, SCHÄUBLE WEHR 139, JOOS 137, O.WEIER (RAST.)/ZfDMU. 1916, 305. – **b)** im Bes. α) ,Gerät der Feuerwehr zum Löschen' ROEDDER VSPR. 532, HEILIG GR. 26; *Un uf der große Schpritz schteht: Feuerspritz!* NADLER 74; *Der Bode hot uf dausend Schritt geziddert, / So hodden unser groß Schpritz erschüddert* eb. 77. – β) ,Rückentragegerät zum Ausbringen der → *Spritzbrühe*' EICHSTET. – γ) ,medizinische Spritze, Injektion' 1972 HÜNGHM, 1978 HEITERSHM, 1982 U.BRÄND; *è Schbrizz griigè* RITTLER 130. – **2)** dass. wie → *Spritzbrühe* KÖNIGSCHAFFHSN; in MÜNCHW. *d Schbrezi* (im Unterschied zu *Schbrez*, s. u. Bed. 1a) SCHWENDEMANN ORT. 1, 132. – **3)** ,empfindliche Niederlage beim Sport', nur in der Wendung *è Schbrizz griigè* RITTLER 130. – **4)** ,kleiner Rausch' BURKART 163. – **5)** dass. wie → *Spritztour;* (alle Genannten) *sen gwese bei der Spritz* EICHRODT 157. – **6)** PflN ,Wald-Engelwurz, Angelica silvestris' SCHWENDEMANN ORT. 1, 163, MÜNCHW./MITTEIL. 1944, 409, s. a. u. → *Kupfervitriol.* – Zu → *spritzen.* – Vgl. *Feuer-, Holder-, Kristier- Kugel-, Löwen-, Motor-, Reben-, Rücken-, Servier-, Weihwasser-, Wurstspritze.* – DWb. 10/2.1, 126; Els. 2, 563a; Fischer 5, 1594; Pfälz. 6, 357; Schweiz. 10, 982 (*Sprütz II*); SDS VI, 219; Südhess. 5, 1241.

**Spritze-hutte** *šbrı̣dsihudə* KÖNIGSCHAFFHSN; *šbrı̣dsı̣hudə* Kaiserstuhl, MERDGN. – f.: ,Rückentragegerät für das Spritzen (→ *spritzen 2a,* zur Schädlingsbekämpfung) im Weinberg' HÖFFLIN 229 (mit Abb.), ECKERLE. – Zum Grundw. vgl. → *Hutte.* – Vgl. *Spritzerbutte.*

**spritzeln** *špritslə* HEIDELBG, GUTMADGN; *šbrı̣dsələ* OTTOSCHWAN. – schw.: ,sanft → *spritzen 1a*', insbes. ,leicht regnen' HEIDELBG/BAD. HEIM. 1917, 87; *s duąt schbrizzele* ,es regnet ganz leicht' MEIER WB. 165, ähnl. KRAMER GUTMADGN 281. – Diminuierende Bildung zu → *spritzen.* – Vgl. *regeln, spritzen 1b.* – DWb. 10/2.1, 129; Fischer 5, 1596; Pfälz. 6, 357; Schweiz. 10, 1006 (*sprützlen*).

**spritzen** *šbrȫdsə* WERTHM; *šbredsə, -ẹ-* Taubergrund, BAULAND, RAPP., in d. Rheinebene von AUENHM bis RUST bis zu einer Linie von APPENW. bis MÜNCHW.; *šbrı̣dsə, -i-* O.SCHEFFL., Kurpfalz, um SCHWETZGN, MÖRSCH, HELMLGN, HUB, NEUSATZ, MARLEN, ZELL-WEIERB., SEELB., ETTHMMÜNSTER, SCHENKENZ., SCHILTACH, Breisgau, O.WINDEN, TRIBG, FURTWANGEN, nördl., vereinz. südl. Markgräflerland; *šbrı̣tsə* SCHÖNWALD, GÜNDELWANGEN, LITZELSTET.; *špritsə, -ı̣-* vereinz. Baar, Hegau, KONST.; *šbrı̣dsə, -ü-* südl. Markgräflerland, Dinkelberg, Hotzenwald; *šbrȫdsə* WIESLET; *šprütsə, -ü-* WEHR, GAISS, SINGEN a. H.; *šbrü̟tsə, -ü̟-* BOHLGN, ÖHNGN; Part.: *gšbrı̣dsd, -t* O.SCHEFFL., ZAISENHSN, RAPP., HANDSCH.; *gšbredst* HETTGN, O.SCHEFFL., RAPP.; *gšbrı̣dsd* BURKHM; *gšbrütst* WIESLET; *gšprütst* WEHR. – schw.: **1) a)** ,Wasser (mittels eines Schlauchs, einer Kanne o. ä. oder mit der Hand) fein verteilen; etw. benetzen, begießen oder besprengen, Pflanzen/Blumen gießen' PLATZ 306, HEILIG GR. 26, LENZ WB. 67b, FREI SCHBR. 154, LIÉBRAY 278, MEIS. WB. 178b, BAUR 269. Kt. 90, SCHWER 38, WAHR 35, FLEIG 120, MARX 51, HEIMBURGER 225, SCHWENDEMANN ORT. 1, 166, KLAUSMANN 45, ALBRECHT hs., SIEFERT 130, GLATTES 13, BECK 176, SCHÄUBLE WEHR 139, W. SCHREIBER 31, KIRNER 286, JOOS 137, NEUSATZ, SEELB./ZfDMU. 1914, 249, O.-SCHOPFHM/ZfDMU. 1, 313; *Wer sprützt mer alli Früeih mi Rosmerii?* HEBEL 40, 1; *šbrı̣ds əmōl d šdrosə, noxt khēr i* ,spritze mal die Straße, dann kehre ich' ROEDDER VSPR. 532b; *di andere kines no it un wate nu so am Dam rum un hän Freide mit em pfludere un ënand schprize* O. FWGLR 60. – **b)** ,(fein) regnen' LIÉBRAY 278, KIRNER 286; *was bat s n, wan s sou ə bislə šbrı̣dst!* ,was nützt es, wenn es nur ein bisschen regnet' ROEDDER VSPR. 532b. – **c)** ,Wäsche benetzen vor dem Bügeln' HEIDELBG/BAD. HEIM. 1917, 80. – **d)** ,die Tätigkeit der Feuerwehr, indem sie Feuer mittels starkem Wasserstrahl löscht' 1976 NECKARBISCHOFSHM, 1955 KORK, 1925 AU (FREIB.), 1976 SUNTHSN. – **e)** ,mit Weihwasser benetzen' HETTGN. – **f)** ,sich unkontrolliert in Tropfen verteilen (und Flecken verursachen)'; *do het 'r d'Daigschüssel ... keie lo, daß sie ... v'rbroche un d'r Daig an alle Wänd nuf g'spritzt isch* GANTHER STECHP. 111. – **2) a)** ,ein flüssiges Schädlingsbekämpfungsmittel ausbringen' HERWIG-SCHUHMANN 143, G. MAIER 153, MÜNCHW., HÖFFLIN 229, KRÜCKELS 193; Reben: LAUDENB., BECKSTEIN, EICHSTET., IHRGN, EBRGN, MENGEN, LAUFEN, O.EGGENEN, LIEL, RHEINWLR, WIESLET, HALTGN, ÖHNGN, ZAISENHSN/ZfDMU. 1910, 156; nach dem Misten der Reben bei feuchtwarmer Witterung 1935 HUB; *rēwə šbrı̣dsə* KREUTZ 88; *d'nō mı̣̄əm'r äns šbrı̣dsə dængə* KLEIBER BURKHM 18f.; Obstbäume: 1955 LADENBURG, HERDERN, 1978 GRISSHM; *disjǭr hämmr d baim nı̣t gschbritzt un s het ännewäg ä hüffe obst gä* MEIER WB. 23; Getreide: 1971 GÜNDELWANGEN, REMETSCHWIEL; Gemüse: 1978 HALTGN, 1955 KADELBURG. – **b)** ,Jauche auf die Äcker ausbringen' (in MÖRSCH nur in dieser Bed.) FITTERER 243. – **3)** ,eine Injektion (→ *Spritze 1bβ*) verabreichen' PLATZ 306. – **4) a)** ,ein Getränk durch Sprudel oder Limonade verdünnen'; *Es wird halt zuckeret un gspritzt, me mueß doch existiere!* BURTE MAD. 90. – **b)** ,Fleisch in Salzlake legen' MÜNCHW., 1981 BREITNAU. – **5)** ,jem. schlagen'; *i schbretz dr eini* 1935 DURB. – **6)** nur im Part. **a)** ,verrückt sein' LENZ 1, 26b, HETTGN, RAPP./ZfDMU. 1908, 205; *bišd jo kšbritst* FUCHS 77e u. HEGAU 1972/73, 201; vgl. *Hochmutsnarr.* – **b)** ,kleingefleckt sein' NEUDGN. – Mhd. *sprützen.* – Weiteres → *Hirn 2, Recher 1, Setzling*

*1a, Spritze 1b, Wasser*; vgl. *einspritzen*; vgl. *beschütten, tränken 2, gießen 2, gützen, läppern 2c, latscheln 1, netzen 1, schauern 1, spauzen 2, sprenzen, strätzen, stritzen, zuschütten.* – ALA I, 150; DWb. 10/2.1, 129; Els. 2, 563a; Fischer 5, 1594; Pfälz. 6, 357; Schweiz. 10, 990 (*sprützen*); SDS VI, 218; Südhess. 5, 1242.

**Spritzen-faß** n.: ‚Fass für/mit → *Spritzbrühe*'; Dim.: *Schbrezifąsli* MÜNCHW./SCHWENDEMANN ORT. 1, 132. – Pfälz. 6, 361; Südhess. 5, 1244 (jew. *Spritzfaß*).

**Spritzen-haus** *šbridsəhauš* O.SCHEFFL.; *-haus* RAPP., MÖRSCH; *-hūs* MÜNCHW.; *sprütsi-* WEHR; Pl.: *šbridsəheišər* O.SCHEFFL.; *šprütsihūsər* WEHR; Dim.: *šbridsəheišlə* O.-SCHEFFL.; *šbridsəhīslị* BOTTGN. – n.: **1**) **a**) ‚Gebäude, in dem das Gerät der Feuerwehr untergebracht ist' ROEDDER VSPR. 532b, MEIS. WB. 178f., SCHWENDEMANN ORT. 3, 90, SCHÄUBLE WEHR 139; *Die Trummle sin im Schpritzehaus verschlosse, / Mar muß die Schlüssel vorerscht hole lasse* NADLER 73. – **b**) ‚Weinberghäuschen' (zur Unterbringung von Geräten zur Schädlingsbekämpfung) BOTTGN/SCHULZE 106. – **2**) metaphorische Bez. für ‚Marienhaus', „weil hier die Dienstmädchen wohnen" 1923 FREIB. – Weiteres → *Unwerte*. – DWb. 10/2.1, 134; Fischer 5, 1595; Pfälz. 6, 359; Schweiz. 2, 1731; Südhess. 5, 1243.

**Spritzen-mühle** f.: FlN, Name einer → *Mühle 1* in KALTENBRUNN/KRIEGER 2, 1036.

**Spritzen-rohr** *šbridsərōr* MÜNCHW. – n.: PflN, ‚Wald-Engelwurz, Angelica silvestris' eb./MITTEIL. 1944, 409, SCHWENDEMANN ORT. 1, 163. – Weiteres → *Kupfervitriol*; Syn.: *Heiligöhwurzel, Liebrohr 2, Rohr 1c, Spritze 6*. – DWb. 10/2.1, 135; Els. 2, 281b (jew. andere Bed.).

**Spritzen-schlauch** m.: ‚Feuerwehrschlauch'; *E fremder Kerl flickt jetz die Schpritzeschläuch!* NADLER 55. – DWb. 10/2.1, 135; Südhess. 5, 1243.

**Spritzen-schopf** *šbridsəšobf* FREISTETT. – m.: dass. wie → *Spritzenhaus 1a* 1955 eb., KRAMER GUTMADGN 280.

**Spritzen-wagen** *šbridsəwāgə* BÜHL (RAST.); *šbrüdsiwāgə* LÖRRACH, WEHR; Pl. *-wāgə* eb. – m.: **1**) ‚Gefährt der Feuerwehr mit aufmontierter → *Spritze 1bα*' 1955 NUSSLOCH, BÜHL (RAST.), SCHÄUBLE WEHR 139. – **2**) ‚Sprengwagen', zur Benetzung der Straße im heißen Sommer BÜHL (RAST.), SCHÄUBLE WEHR 139; 1935 sowohl für Kraftwagen als auch für Pferdefuhrwerk gebr. LÖRRACH. – Schweiz. 15, 762 (*Sprütze(n)w.*).

**Spritzen-zeug** n.: dass. wie → *Spritzbrühe* EICHSTET.; nach der Aufzeichnung von Karl Hiß (1985) war das früher übliche „*Spritziziegtrage*" gefürchtet, da beim Nachfüllen in das am Rücken befindliche Gerät manchmal etw. daneben ging und dem Träger den Rücken hinunterlief.

**Spritzer** *šbrödsər* WERTHM; *šbredsər, -ə* Taubergrund, Bauland, STEIN A. K., RAPP., APPENW., FRIESENHM, MÜNCHW., RINGSHM; *šbridsv, -i-* Kurpfalz, um ALTLUSSHM, MÖRSCH, ST. GEORGEN I. SCHW.; *šbridsər, -i-* O.-SCHEFFL., MOSB., SCHRIESHM, HEIDELBG, OTTERSD., KAPPELWI., REUTE (EMM.), HALTGN, DONAUESCHGN, GUTMADGN, MÜHLGN, RADOLFZ., KONST.; *šbrüdsər* ENDENBURG, SCHOPFHM, WEHR; Pl. wie Sg.; Dim.: *šbredsərlə* O.SCHEFFL.; *-li* MÜNCHW. – m.: **1**) **a**) ‚kleine Menge Flüssigkeit' HERWIG-SCHUHMANN 118. 147, SCHWENDEMANN ORT. 1, 166, eb. 3, 20, G. MAIER 153, KRAMER GUTMADGN 280. – **b**) ‚durch Farbe, Kot oder Schmutz entstandener Fleck' PLATZ 306, HETTGN, ROEDDER VSPR. 532b, STEIN A. K., GÖTZ 50, BRÄUTIGAM 117, LIÉBRAY 278, FREI SCHBR. 154, BURKART 224, G. MAIER 153, FRIESENHM, SCHÄUBLE WEHR 139; „*Guck, du Drach, wie ich mich schinn, / Wie ich so voll Schpritzer bin!*" NADLER 198. – **2**) **a**) ‚leichter, kurzer Regenschauer' HETTGN, ROEDDER VSPR. 532b, 1895 MOSB., HERWIG-SCHUHMANN 118, LIÉBRAY 278, FREI SCHBR. 154, RUF 41, REUTE (EMM.), GLATTES 29. 32, KRAMER GUTMADGN 280, ELLENBAST 68, HEIDELBG/BAD. HEIM. 1917, 85, OTTERSD./ZfdMU. 1914, 339; *'s tröpflet scho, ne Sprützerli chunnt, druf regnet's gar sölli* HEBEL 20, 33; übertr.: *Im Liesli sine blaue Aigli het sich dia sechs Woche üwwer vill Regewedder ig'stellt, so kleini Spritzerle ab un zue, ...* GANTHER STECHP. 144; Volksglaube: die Hexe von BÜHL (WALDSH.) soll sich daran erfreut haben, einen kleinen *Spritzer* über die Wäsche des Pfarrers gehen zu lassen E. H. MEYER 557. – **b**) ‚Unwetter, Platschregen' LENZ WB. 59b. – **3**) **a**) ‚Brause an der Gießkanne', dass. wie → *Sprenger 1* PLATZ 306, HETTGN, HEILIG GR. 26, ROEDDER VSPR. 532b, STEIN A. K., REUTE (EMM.), REICH BAAR ID. 21, MÜHLGN. – **b**) ‚Trichter zum Benetzen des Stubenbodens vor dem Auskehren' RINGSHM. – **4**) ‚leichter Rausch' BRÄUTIGAM 117. – **5**) Schelte für einen Mann. **a**) ‚junger, unreifer Bursche, leichtsinniger Kerl' PLATZ 306, BURKART 224, FITTERER 243, RUF 37. 41, GLATTES 29. 32, SCHÄUBLE WEHR 139, KRAMER GUTMADGN 280, ELLENBAST 68, JOOS 137; *an juŋǝ šbridsv* MANNHM. – **b**) ‚überspannter, verrückter Kerl' STEIN A. K. – **c**) ‚Nichtsnutz', dass. wie → *Hagseicher* REUTE (EMM.), ST. GEORGEN I. SCHW. – **6**) Tiern., nur Dim. ‚ältere Forelle'; *šbrütsərlə* MÖKING 49; vgl. *Forelle 2*. – Vgl. *Dreck-, Mond-, Sonnen-, Stuben-, Weihwasserspritzer*. – DWb. 10/2.1, 135; Els. 2, 564a; Fischer 5, 1595; Pfälz. 6, 360; Schweiz. 10, 1002 (*Sprützer*); Südhess. 5, 1244.

**Spritzer-butte** *špritsrbutə* HAGNAU; Dim.: *-bitlə* eb. – f.: dass. wie → *Spritzehutte* MEICHLE 34. – Zum Grundw. vgl. → *Butte 1*.

**Spritzer-stande** *špritsərštandə* HAGNAU. – f.: ‚Stellfass, in dem die Spritzflüssigkeit gegen Rebschädlinge zubereitet wird' MEICHLE 50. – Zum Grundw. vgl. → *Stande*.

**Spritzet** „*Schbridzed*" O.ROTWEIL. – m.: ‚Zeit, in der Spritzmittel gegen Rebschädlinge ausgebracht wird' NOTH 449. – Zur Wortbildung vgl. *I -et*.

**Spritzete** f.: ‚soviel man auf einmal spritzen kann'; *Sprützete* STÜHLGN/MEIN HEIMATL. 1939, 298. – Zur Wortbildung vgl. *-et(e)*. – DWb. 10/2.1, 136; Fischer 5, 1595; Schweiz. 10, 1004.

**Spritz-fahrt** f.: dass. wie → *Spritztour; v Schbritzfahrt* REUTE (EMM.). – DWb. 10/2.1, 136.

**Spritz-gebackenes** *šbridsgəbàxəs* KAPPELWI. – n.: ‚Weihnachtsgebäck, dessen Teig durch eine sternförmige Tülle gedrückt wird' BURKART 146. – DWb. 10/2.1, 136; Els. 2, 7b (*Spritzengebaches*); Fischer 5, 1595 (*Spritzenbachenes*); Pfälz. 6, 361; Südhess. 5, 1244.

**spritzig** *šbridsig* LAUFEN; *šbrüdsig* SCHOPFHM; Kompar.: *šbredsjr* ALTENHM. – Adj.: ‚prickelnd' SCHOPFHM, ‚feurig' FOHRER 194; jew. im Zusammenhang mit Wein gesagt; *hīt wil mv ę frišə ụn ę šbridsigə wī* 1955 LAUFEN. – Vgl. *I reißig*. – DWb. 10/2.1, 137; Fischer 5, 1595; Pfälz. 6, 361; Schweiz. 10, 1005; Südhess. 5, 1244.

**Spritz-kalender** *šbridskʰālǟndər* BURKHM. – m.: ‚schriftlich mitgeteilte, vorgegebene Zeit, in der Schädlingsbekämpfungsmittel ausgebracht werden soll'; *neiərdiŋs wærə jō fǟšd įwərāl šbridskʰālǟndər fᵊdaịld* KLEIBER BURKHM 18.

**Spritz-kanne** *šbridsghan̄ə, -khˌ-ąˌ-* MOOS (BÜHL), HONAU, mancherorts Ortenau, SCHILTACH, SCHENKENZ., RIEGEL, BREISACH; *-ghǫn* verbr. nördl. Schwarzw., an

Acher, Rench, Wolfach, mittleres Kinzig- und oberes Schuttertal, MARLEN, MAHLBG, N.HAUSEN; šbredsghan, -kh-, -ə- APPENW., SCHUTTERWALD, entlang des Rheins von ALTENHM bis WEISWEIL (EMM.), ETTHM, MÜNCHW.; -ghǫn HOHNHURST, ETTHMMÜNSTER; šbrįdsghǫnə, -kh- MÜHLENB., SCHWEIGHSN, FREIAMT, WYHL, ENDGN, O.-BERGEN, BOTTGN, O.RIMSGN, O.WINDEN, O.SIMONSWALD; -ghanə, -kh-, -ə- HALBMEIL, REICHENB. (HORNBG), LANGENSCH., TRIBG, SCHÖNWALD, GÜTENB., Kaiserstuhl, nördl. Breisgau, Dreisamtal, Hochschwarzw., BOLLSCHWEIL, GRUNERN, NEUENBURG A. RH.; -kxǫnə O.PRECHT., BLEIB., GLOTTERT.; -kxanə GUTACH (SCHWWALDB.), ST. PETER, ST. MÄRGEN, WILDGUTACH; -xǫnə, -ə- Markgräflerland von MENGEN bis HALTGN, O.-MÜNSTERT., TODTNAUBG, SCHÖNENBG; šbrüdsxǫnə, šp- südl. Schwarzw., Dreiländereck, Hotzenwald, TIENGEN (WALDSH.), SCHWERZEN; -xǫnə ADELHSN, KARSAU; oft im Dim.: -ghęnli, -kh-, -x- u. ä., vgl. *Kanne*. – f.: ‚Gießkanne' SSA-Aufn. 390/7, G. MAIER 153, SCHWENDEMANN ORT. 1, 166, SCHMIDER KK 91, FLEIG 120, ZIEGLER 35, RÜ. HOFFMANN 14, MAHLBG/ALEM. 35, 226; *nim d' Schbrezkann* BRAUNSTEIN RAA. 29; Kindervers: *Hermännli, Sprützchännli / Bappyrli gugguus!* SCHÄUBLE WEHR 11. – Weiteres → *nervös*; vgl. *Gießkante, Läpperbecher, Spritzkante.* – DWb. 10/2.1, 137; Els. 1, 445b.

**Spritz-kante** šbrįdsghandə O.WOLF., ST. GEORGEN (FREIB.); -ghand um SCHILTACH; šbredskand RINGSHM; šbrįdsghǫndə HERBOLZHM (BLEICH); -kandə, -ə- HUGSTET., um SCHONACH, ST. GEORGEN I. SCHW., FURTWANGEN; -kxǫndə GLOTTERT., HEINSTET.; -kxandə ST. PETER; šprįtskxandə HERDERN; -khantə KAPPEL I. T., verbr. an Brigach und Breg, Hochschwarzw., Baar, östl. Hegau, Bodanrück, um STOCKACH, HOHENBODMAN, HATTENWLR; -kxantə, -x- SAIG, GRAFENHSN I. SCHW., DILLEND., EWATTGN, RIEDBÖHRGN, AACH; šbritskhantə U.BRÄND.; šbrüdsxandə LÖRRACH; šprütskxantə, -ü- verbr. Hotzenwald, HILZGN; -khantə TODTMOOS, RANDEGG; -xantə am Hochrhein von WALDSHUT bis GAILGN; -xantə SINGEN A. H.; -khantə BOHLGN; Pl.: šbrüdsxandənə LÖRRACH; oft im Dim.: šbrįds-, šprįts-, šbrüds-, šprüts- u. ä. -khentle LANGENB. (WOLF.), KAPPEL (VILL.); -kxendlį ELZACH; -ghandlį WALTERSHOFEN; -khẽtle HEINSTET.; -khendlį, -t- verbr. Hochschwarzw., Baar, östl. Hegau, am Bodensee; -xendlį WIEDEN, ROHRBG, RICKENB., STÜHLGN, STETTEN (WALDSH.); -xandlį HASEL; -kxentlį verbr. Hotzenwald, westl. Hegau. – f.: ‚Gießkanne' SSA-Aufn. 390/7, BAUR 86. 269, FLEIG 120, RÜ. HOFFMANN 14, KIRNER 112. 286, W. SCHREIBER 31, Hegau/DER HOHENTW. 1924, 62; *Des isch dr Schtändl us Bläch gmacht un sit fasch us ... wia dr Kopf funerë Schprizkante, un dô wird s Öl ni gschüt* O. FWGLR 39. – Zum Grundw. s. → *I Kante.* – Vgl. *Spritzkanne.* – Fischer 5, 1596; Schweiz. 3, 374 (*Sprützchanten*); SDS, VI, 219.

**Spritz-leder** šbredsladr AUENHM; -lędər DIERSHM; šbrįdslędər HOFSTET. – n.: ‚Leder, das den im → *Bennenwägele* Sitzenden zum Schutz gegen Straßenschmutz dient' MENG 237. 244. – DWb. 10/2.1, 138; Els. 1, 559a; Fischer 5, 1596; Schweiz. 3, 1073 (*Sprützleder*).

**Spritz-mittel** šbrįdsmidl ZELL-WEIERB., BOMB.; šbrįds- EICHSTET. – n.: ‚Schädlingsbekämpfungsmittel im Wein- und Obstbau', häufig → *Kupfervitriol* 1971 EICHSTET., 2008 BOMB.; *šbrįdsmidl un aləs iš dūr* (teuer) 1955 ZELL-WEIERB. – Vgl. *Spritzbrühe, Spritzenzeug.* – Pfälz. 6, 361.

**Spritz-tour** „*Schbritzduur*" SINSHM; „*-dūr*" REUTE (EMM.). – f.: ‚kurze Vergnügungsfahrt' HUMBURGER 175. – Vgl. *Spritze 5.* – DWb. 10/2.1, 139; Pfälz. 6, 361; Südhess. 5, 1245.

**Spritz-wagen** šbrįdswāgə ZELL-WEIERB. – m.: ‚Gefährt, mit dem die → *Spritzbrühe* transportiert wird' KREUTZ 88, 1955 KADELBURG. – Zu → *spritzen 2a.*

**sprö** šbrō TAUBERBISCH.; šbrē HANDSCH., KUPPENHM. – Adj.: dass. wie → *spröd 1* LENZ WB. 67b, HEILIG WB. 17; šbrōs dsaüx ‚sprödes Zeug (= Tuch)' eb.; auch in Bezug auf Holz (TAUBERBISCH.) oder den zum Trocknen ausgebreiteten Hanf (1976 KUPPENHM) gesagt. – Wohl Nebenform zu → *spröd*, vgl. DWb. 10/2.1, 142 (unter *spröde*). – Fischer 5, 1575 (*spre(ch)*); Schmeller[2] 2, 695 (*sprœ*).

**spröd** šbrēt, -d HANDSCH., OTTERSD., MÜNCHW.; šbrēd SCHAPB., REUTE (EMM.). – Adj.: 1) ‚brüchig, unflexibel, spröde' LENZ WB. 67 b, MÜNCHW., REUTE (EMM.), OTTERSD./ZFDMU. 1914, 344, vom Holz der Waldesche gesagt 1955 SCHAPB. – 2) ‚abweisend, ungefügig, unnachgiebig' 1994 MÜNCHW.; *v schbräd Maidli* REUTE (EMM.). – Erst seit dem 15./16. Jh. als *sprod(e), spröd(e)* bel., ahd./mhd. nicht bezeugt, vgl. DWb. 10/2.1, 142. – Syn. u. → *schrä.* – Els. 2, 558a; Fischer 5, 1596; Pfälz. 6, 362; Schweiz. 10, 856; Südhess. 5, 1246 (tw. u. *spröde*).

**Spröde** m.?: ‚Spritzer, Strahl', von der Milch gesagt, die beim Melken in den Eimer braust, nur im Pl. bel. BURTE MAD. 201; Satz bei → *abetosen.*

**Sproß** šbros MÜNCHW., REUTE (EMM.); Pl.: šbrosə eb.; Dim.: šbresle ZAISENHSN. – m.: 1) ‚Abkömmling, Pflanzentrieb' SCHWENDEMANN ORT. 1, 189, ZAISENHSN/ZFDMU. 1907, 271, auch übertr. auf Mensch und Tier REUTE (EMM.). – 2) FlN, Rebstück in ÖHNGN; 1556 *weingartten uff hattenlee gen. der Sproß* HEGAU-FLURN. 5, 69; 1628 *Reben auf Hatenlee gen. Sprößel* eb. – Mhd. *sproz(ze), spruz(ze)*, zu → *sprießen*, vgl. DWb. 10/2.1, 150. – Syn. s. u. → *II Schoß.* – Fischer 5, 1596; Pfälz. 6, 362; Schweiz. 10, 945.

**Sprossel, Sprössel** šbrosl STOCKACH; šprösl SINGEN A. H. – m.: 1) ‚Leitersprosse' FUCHS 25. 63, W. SCHREIBER 29. – 2) FlN ÖHNGN; Beleg unter → *Sproß 2.* – Nebenform zu → *Sprosse(n).* – DWb. 10/2.1, 156; Fischer 5, 1597; Pfälz. 6, 363; SDS VI, 176; Südhess. 5, 1247.

**Sprosse(n)** šbrosə verbr. in ganz Baden von WERTHM bis KONST. (neben šbrotsə eb.); šbros OFTERSHM, SCHENKENZ.; šbrosə SCHÖNWALD; Pl.: šbrosə, -ǫ- verbr. – m., (f. O.SCHEFFL., OFTERSHM, ROHRB. (EPP.), ROTENFELS, SCHENKENZ.): 1) a) ‚Tritt, Querholz der Leiter' PLATZ 307, HETTGN, ROEDDER VSPR. 532b, LENZ WB. 67, FREI SCHBR. 155, LIÉBRAY 278, MEIS. WB. 179a, ROHRB. (EPP.), MÖRSCH, HEBERLING 17, BURKART 266, BAUR 62, SCHWER 34, MENG 246, O.BERGEN, ZINSMEISTER 18. 62, JOOS 112, O.WEIER (RAST.)/ZFDMU. 1916, 305; *dr letscht Sprosse* BROSSMER 10; Ra.: *e Schbrosə z'vill* ‚eingebildet oder übermütig sein' SCHWENDEMANN ORT. 1, 36, ähnl. ALBRECHT HS.; *v Schbrossv zvill odr zwänig* REUTE (EMM.); auch verkürzt: *si hęd ə šprosə* ‚sie ist närrisch' FOHRER 58; vgl. Raa. unter → *Sparren 1.* – b) ‚Querverbindung am Leiterbaum des Bauernwagens' verbr. nördl. Schwarzw., mancherorts mittl. u. südl. Schwarzw./SSA-Aufn. 124/2, SIEFERT 102, KLAUSMANN BR. 27. – c) ‚Teil am Schlitten' (die senkrecht auf den Kufen stehenden Streben) BAUR 265. – d) ‚waagrechter Stab zwischen zwei (kleinen) Glasscheiben', Glaserspr. 1946 FREIB.; vgl. *Kreuzsprossen.* – 2) ‚Pflanzentrieb'; *ən šbrosə* WAHR 28; *di jungə Schbrossä am Bòòm muß ma schdäälossä* FREI SCHBR. 155; vgl. *Sproß 1.* – Ahd. *sprozzo* (m.), mhd. *sprozze* (m./f.), zu → *sprießen*, vgl. KLUGE 692 (dort auch Angaben zur Bedeutungsentwicklung). – Weiteres → *I*

www.ingramcontent.com/pod-product-compliance
Lightning Source LLC
Chambersburg PA
CBHW080413230426
43662CB00016B/2389